"Auf Sylt stirbt es sich schöner"
1. Auflage 2017
Verlag Pressedienst Deppe
© Frank Deppe
Alle Rechte vorbehalten

Ein besonderer Dank gilt
... Inken Thielebein für Inspiration
... Valesca Deppe fürs Gegenlesen
... und Sven Nielsen für fliegerisches Know-how

Inhaltsverzeichnis

Am Ende der Nacht

Dies war ein Sommertag, wie er schöner hätte nicht sein können. Azurblau streckte sich der Himmel über die Westerländer Promenade, kaum ein Windhauch wehte vom Meer hinauf, wo sich Möwen träge von der sanften Dünung schaukeln ließen. Auch ihnen war es so warm, dass ihre kehligen Schreie verstummt waren.

Es war nicht einfach gewesen, noch einen Platz zu ergattern. Carola hatte sich bereits durch einige Bankreihen geschlängelt, auf denen sich Menschen dicht an dicht pressten und weinselig zuprosteten, als ein Ellenbogen unsanft gegen ihre Hüfte prallte. "Sorry, das tut mir leid – ich rede wohl zu sehr mit Händen und Füßen", schrak ein junger Mann von der Bank halb empor. "Ist ja nichts passiert", entgegnete Carola, doch ihr Gegenüber insistierte: "Darf's zur Entschuldigung ein Gläschen Wein sein?" Und ohne eine Antwort abzuwarten, schwenkte sein Arm zu den Sitznachbarn: "Los, rückt mal ein bisschen zusammen, wir bekommen Zuwachs."

Zu zögern blieb Carola keine Zeit, schon saß sie inmitten einer fröhlichen Clique, ein leeres Glas wurde ihr von links gereicht und von rechts mit Moselwein befüllt. "Ich bin Thorsten. Und das sind Katja, Yvonne, Christian, Micha und Tim. Aus Hannover. Wir studieren dort alle zusammen", sagte ihr spontaner Gastgeber und prostete ihr zu. "Hallo! Ich bin Carola. Ich komm aus Kiel und verbringe hier mit meiner Freundin ein paar Urlaubstage." Thorsten zwinkerte: "Und, wo ist die holde Maid? Hast du sie im Gedränge verloren?" Carola schüttelte den Kopf.

"Nein, es geht ihr nicht so gut, sie ist im Appartement geblieben und will früh schlafen." Thorsten stellte sein Glas ab. "Schade. Aber du hier bist. Ich glaube, das wird ein netter Abend."

Zwei Stunden zuvor waren zwei Freundinnen heimgekehrt in ihr Zuhause auf Zeit. Sie hatten gut gegessen in einem kleinen Restaurant am Rande der Innenstadt und auf dem Weg zu ihrem Appartement das Plakat gesehen: "Schau mal, 'Westerländer Winzerfest'. Das ist doch was für uns, du olle Weintraube", kniff Carola ihre Freundin in die Seite. "Gebongt", antwortete Andrea.

Doch nur eine Stunde später war die Zusage Makulatur. "Verdammte Kopfschmerzen", stöhnte Andrea. "Ausgerechnet im Urlaub." Auch die Tablette zeigte keinerlei Wirkung. "Dann bleiben wir eben hier, ist ja nicht weiter tragisch", entschied Carola. "Quatsch, dann mach du dir zumindest einen schönen Abend. Morgen bin ich wieder fit – und will jetzt nur noch ins Bett. Also ab mit dir", befahl Andrea. "Und es macht dir wirklich nichts aus?" – "Nein, wirklich nicht." Eine Viertelstunde später schloss Carola sanft die Wohnungstür hinter sich.

Thorsten hatte sich nicht geirrt. Es wurde wirklich ein netter Abend. Als der Glanz des Meeres im Licht der letzten Sonnenstrahlen verebbte, schlugen Katja und Yvonne einen Ortswechsel vor. Schwankte sie schon ein wenig oder waren es die Windböen, die Carola auf der Friedrichstraße entgegen bliesen?

Die Sonne und der Wein hatten Carola und die anderen erhitzt, doch zur Abkühlung blieb keine Zeit. Es herrschte drangvolle

Enge in der Discothek, Schweiß perlte auf den Gesichtern der Tanzenden, deren Körper sich im rhythmischen Takt der Musik zu zuckenden Lichtblitzen drehten und wendeten. Die Clique mengte sich unter die brodelnde Masse und fand sich später an der Bar nach und nach wieder zusammen. Carola konnte Thorstens Worte, die von dumpfen Bässen übertönt wurden, zumeist nur erahnen. Es war gegen Mitternacht, als es sie dringend nach frischer Luft dürstete. Thorsten folgte ihr.

"Und die anderen?", fragte Carola, während sie langsam die Straße hinauf schlenderten. "Die sind erwachsen", lächelte Thorsten und legte wie beiläufig den Arm um ihre Schulter. "Was hältst du von einem kleinen Strandspaziergang bei Nacht?", fragte er lauernd. "Ist okay", antwortete Carola gedehnt. "Aber mir wird langsam kalt." Thorsten nickte verständnisvoll. "Möchtest du meine Jacke überziehen?" Carola wehrte ab: "Dann zitterst du nachher. Nee, da vorne um die Ecke ist unser Appartement. Ich hol mir schnell eine Jacke raus – warte kurz auf mich", rief sie und bog federnden Schrittes in die Bismarckstraße ein, wo sie nach einigen Metern in ein stattliches Haus entschwand.

Nur leise jetzt. Behutsam drehte Carola den Schlüssel im Türschloss. Auf Zehenspitzen trat sie in den Wohnungsflur. Ihre Hand fand den Lichtschalter, zuckte aber zurück, als sie schemenhaft die halb geöffnete Tür von Andreas Zimmer gewahrte. Sie wollte ihre Freundin nicht unnötig wecken und ertastete an der Garderobe suchend ihre Jacke, die sie mit spitzen Fingern vom Haken hob. An der Wand entlang tastete sie sich zurück zur Wohnungstür, die sie geräuschlos hinter sich schloss.

"Alles klar?", fragte Thorsten und drückte mit der Schuhsohle eine glimmende Zigarette aus. "Ja. Andrea schläft tief und fest." Sie hakte sich bei ihm ein und Minuten später hatten sie den Strand erreicht. Sanft schlugen die Wellen gegen das Ufer, krächzend stob vor ihnen eine Möwe auf. Die Distanz ihres Spaziergangs entlang des Flutsaums wuchs linear zur beiderseitigen Sympathie. Das Gespräch gewann rasch an Tiefe, und Carola wie auch Thorsten spürten eine tiefe Vertrautheit.

Ein Strandkorb wurde zur willkommenen Raststätte. Sie hatten sich noch so viel zu erzählen, bevor die Worte abebbten: Die späte Stunde forderte ihren Tribut, der sich in wechselseitigem Gähnen artikulierte. "Los, auf geht's", befand Carola und wollte sich erheben, als Thorsten sie sanft zurückzog. Sie schloss die Augen und spürte seine warmen Lippen auf ihrem Mund. Sanft schlugen die Wellen gegen das Ufer.

"Es war ein wunderschöner Abend." Carola lehnte ihren Kopf gegen seine Schulter. "Eher eine lange Nacht", grinste Thorsten. Die aufgehende Sonne zerstob just die Dunkelheit, als sie sich an der Bismarckstraße zärtlich verabschiedeten. "Treffen wir uns heute Abend? Um sechs Uhr an unserem Strandkorb?", fragte Thorsten. "Gerne. Aber jetzt bin ich hundemüde." Noch einmal küssten sie sich. "Dann träum schön – möglichst von mir. Und grüß deine Freundin unbekannterweise." Thorsten wandte sich der Friedrichstraße zu, und als Carola die Haustür aufschloss, drehte er sich noch einmal um und winkte ihr.

"Andrea wird staunen", dachte Carola und öffnete schwungvoll die Tür des Appartements. "Sorry, Süße! Das war vielleicht eine

Nacht", schmetterte sie in die Stille hinein. Die Tür von Andreas Zimmer war jetzt geschlossen. "Guten Morgen, geht es dir wieder besser?", rief Carola, öffnete die Tür und prallte zurück. Andrea lag rücklings auf ihrem Bett. Von ihrem linken Mundwinkel zog sich ein blutiger Faden aufs Kissen hinunter und auch das Shirt war blutverschmiert. Aus einem fahlen Gesicht starrten zwei Augen leblos zur Zimmerdecke.

Der Weinkrampf ließ nicht nach. Zitternd saß Carola in einer Ecke des Wohnungsflurs und umschlang ihre Knie. Die rechte Hand umklammerte das Handy wie ein Schraubstock. Aus der Ferne schwoll das gleichmäßige Pulsieren von Martinshörnern an. Dann hörte Carola das Quietschen von Reifen und hastige Schritte im Treppenhaus. Uniformierte Männer rückten in ihr Sichtfeld, und eine Hand legte sich auf ihre Schulter. "Wir sind da, Sie sind in Sicherheit", vernahm sie eine Stimme.

Mir der letzten Kraft, die noch verblieben war, richtete sie sich auf und taumelte an der Wand entlang. "Ich muss spucken", keuchte sie und stieß die Tür zum Badezimmer auf. Das letzte, das sie vor ihrer Ohnmacht gewahrte, war der große Spiegel. Ein Lippenstift hatte ihn ungelenk beschrieben: "Sei froh, dass du heute Nacht das Licht nicht angemacht hast!"

Wie gewonnen, so zerronnen

Ich weiß, ich werde kaum Mitleid ernten, wenn ich Ihnen meine Geschichte erzähle. Mein Berufsstand ist, sagen wir mal so, in der Gesellschaft nicht sonderlich gelitten. Dabei will ich nur das, was alle wollen: Geld. Möglichst viel Geld. Ja, auch ich habe einmal gearbeitet wie Sie. Es ließ sich mit dem Geld so leidlich leben, während meine Chefs immer feister wurden, ihre Urlaubsorte immer exotischer und ihre Geliebten immer kostspieliger. Das war nicht gerecht, denn sie lebten quasi auch auf meine Kosten. Da war es doch nur gerecht, dass ich mir den einen oder anderen Schein abzweigte. Leider ging das nicht lange gut und bei einer Revision kam mein Zubrot schließlich ans Tageslicht. Den Job war ich los.

Nun, was danach folgte, ist kurz erzählt. Es waren nicht die großen Coups, die ich landete. Hier ein Scheckbetrug, dort ein kleiner Einbruch oder ein wenig Hehlerei. Allein: Das Geld reichte nie lange. Und so verfiel ich auf die logische Konsequenz, etwas Großes zu leisten. Etwas zu leisten, dass mich für lange Zeit aller finanzieller Sorgen entheben würde. Und für diese Tat war Sylt genau der richtige Ort.

Ich buchte mir ein kleines Ferienhaus, hübsch abseits gelegen bei Braderup und genau richtig für meine Zwecke. Den sündhaft teuren Mietpreis verkraftete ich mit einem stillen Lächeln. Dann begann ich mit der Arbeit und tauchte ein in die schillernde Nachtwelt Kampens, wanderte suchend von einem Tresen zum nächsten. Ich erspähte mein Opfer am vierten Abend. Es war ja auch unschwer zu übersehen.

Mit ausladenden, rudernden Armbewegungen hieb er auf seine Nachbarn verbal ein, auf dem Barhocker mühsam die Balance beherrschend. Sein Gesicht glänzte schweißgebadet. Mit fahriger Hand verschüttete er den prickelnden Inhalt seines Glases, mit der anderen nestelte er einen Geldschein aus der Westentasche. "Zigarette", herrschte er das junge hübsche Ding, sie mochte kaum 18 sein, an. Folgsam kam sie der Aufforderung nach, während er den Schein am Rand entzündete und das lodernde Papier zittrig an die Spitze der Zigarette führte. "Und jetzt geb ich noch einen aus", lallte er lautstark in die Runde, und die anderen klopften beifällig auf den Tresen.

Mein Thekennachbar hatte die gleiche Blickrichtung eingeschlagen. "Der haut mal wieder auf die Sahne. Tja, wenn du Thomas Schütt heißt, dann hast du keine Geldsorgen, aber umso mehr Kumpel." Ich nickte ihm kurz zu, winkte der Bedienung und ging. Thomas Schütt. Ich war wie elektrisiert. Dieser Mann war mein Sechser im Lotto. Thomas Schütt, Sohn einer bekannten Hamburger Industriellendynastie. Das war mein Mann. Das Weitere verlief leichter als gedacht. Ich behielt Thomas Schütt in den folgenden Nächten unauffällig im Auge und trank soviel Mineralwasser wie nie zuvor. Schließlich galt es, einen nüchternen Kopf zu bewahren. Ganz im Gegensatz zu Thomas Schütt. In schöner Regelmäßigkeit verließ er gegen 4 Uhr stark schwankend seine nächtliche Spielwiese.

Zwei Mal folgte ich ihm in gebührendem Abstand und sondierte den Weg zu seinem Haus am Ende des Dorfes. Dann schlug ich zu. Ich hatte meinen Leihwagen – den erstklassig gefälschten Ausweis hatte der Tankwart anstandslos akzeptiert – an passender

Stelle geparkt. Schütt torkelte wenige Meter vor mir über den Bürgersteig. Noch einmal blickte ich mich um, menschenleer war die Straße. Ich packte ihn von hinten und presste ihm die chloroformgetränkte Watte unter die Nase. Er wehrte sich nicht einmal und sank in meinen Armen schlaff zusammen. Ich wuchtete ihn in den Kofferraum und startete den Motor.

Im Keller meines Ferienhauses fand Thomas Schütt ein warmes Plätzchen. Vielleicht etwas spartanischer als er es gewohnt war, aber nicht unbequem – wenn man von den Handschellen und der Augenbinde einmal absah. Am nächsten Morgen brachte ich ihm das Frühstück. Sein Gesicht sah etwas bleich aus. Ich drückte den Knopf meines Diktiergerätes. In verlangsamter Abspielgeschwindigkeit hörte sich meine Stimme an, als dränge sie bleiern aus einer tiefen Gruft. "Herr Schütt, hören Sie gut zu. Sie sind das Opfer einer Entführung geworden. Wenn Sie kooperieren, wird Ihnen nichts geschehen. Ich werde jetzt Ihren Vater anrufen. Wie lautet seine Privatnummer?" Thomas Schütt hob den Kopf. "Ich werde tun, was Sie sagen", antwortete er mit schwacher Stimme und nannte mir die Nummer.

Als die Verbindung zustande kam, drückte ich den Knopf des Diktiergerätes abermals. "Guten Tag, Herr Schütt. Hören Sie mir gut zu, denn ich werde nichts wiederholen. Ich habe Ihren Sohn in meiner Gewalt." Ich hielt den Hörer an das Ohr von Thomas Schütt. "Papa?", fragte er flehentlich. "Papa, bitte hilf mir." Das genügte. Das Diktiergerät schnarrte weiter: "Morgen erhalten Sie ein Päckchen. Folgen Sie den Anweisungen und halten Sie eine Million Euro bereit. Wenn Sie die Polizei benachrichtigen, ist Ihr Sohn tot." Ich schaltete das Handy ab.

Am nächsten Tag erhielt Herr Schütt senior Post. Er packte ein Funkgerät aus und einen Brief mit knappem Inhalt: "Bringen Sie das Geld in einem Koffer nach Sylt. Ich lege Wert auf 100- und 200-Euro-Scheine ohne fortlaufende Seriennummern. Ich erwarte Sie morgen. Schalten Sie um 21 Uhr in Westerland das Funkgerät ein. Wenn Sie die Polizei benachrichtigen, ist Ihr Sohn tot."

Ich fieberte dem folgenden Abend entgegen. Thomas Schütt verhielt sich vorbildlich. Seine nächtliche Großspurigkeit hatte er gegen devoten Kleinmut eingetauscht. Er schlief viel. "Wenn alles nach Plan läuft, sind Sie morgen früh frei", spulte mein Diktiergerät herunter, bevor ich die Kellertreppe hinaufstieg. Im Wohnzimmer schlug die Standuhr gerade zum neunten Mal.

Ich wickelte zur Sicherheit ein Tuch um die Sprechöffnung meines Funkgerätes und senkte die Stimme um zwei Tonlagen: "Herr Schütt?" Es rauschte ein paar Sekunden, dann hörte ich eine ferne Stimme. *"Ja, ich bin hier."* "Haben Sie das Geld?" *"Ja. Nein. Also, es ist so: Ich konnte die Million so schnell nicht aufbringen."* Ich atmete tief durch. "Wie viel haben Sie?" *"800.000."* "Okay. Ich hoffe in Ihrem Interesse, dass Sie die Polizei aus dem Spiel gelassen haben." *"Sicher."* Zitterte seine Stimme nicht ein wenig? "Wo sind Sie jetzt?" *"Am Bahnhof in Westerland."* "Gut. Hören Sie zu. Sie steigen jetzt in ein Taxi. Fahrziel: Hörnum. Ende."

Ich lehnte mich im Sessel zurück und trommelte mit den Fingern, um die sich dünne Gummihandschuhe spannten, auf den Tisch. Mein Hals war trocken und ich verspürte Durst. Später. Keine Spur sollten sie im Haus finden. Keinen Speichel an einem

Glasrand, keinen Fingerabdruck an einer Türklinke. Ich ging ein letztes Mal die Stufen zum Keller hinab. Thomas Schütt atmete ruhig und regelmäßig. Leise schloss ich die Haustür hinter mir. Auf halbem Weg nach Kampen nahm ich das Funkgerät. "Herr Schütt? Wo sind Sie jetzt?" *"Einen Moment. Kurz vor Hörnum"*, quäkte es leise aus dem Blech. "Gut. Sie drehen jetzt um. Fahrtziel: Westerland. Ende." Ich passierte das nächtliche Kampen. Regentropfen prasselten auf die Windschutzscheibe. Das Wetter war perfekt. Wenig später erreichte ich den Parkplatz der Vogelkoje. "Wo sind Sie?" *"Gleich in Westerland."* "Gut. Fahren Sie weiter. Fahrziel: List. Ende." Ich hob den Alukoffer aus dem Fond und schlug mich in die Büsche.

Das Schilf knackte unter meinen Füßen, die Taschenlampe flakkerte zwischen den Reethalmen, als sich am Ufer des Wattenmeers plötzlich dunkle Umrisse abhoben. Ja, ich hatte meine Hausaufgaben gemacht. Das kleine Motorboot, das heute Nachmittag noch friedlich im Munkmarscher Hafen dümpelte, hatte es mir sofort angetan. Den Motor kurz zu schließen, war für einen gelernten Elektronikspezialisten wie mich ein Kinderspiel. Dicht unter der Küste hatte ich das Boot sicher zu seinem neuen Liegeplatz gesteuert.

Der Wind zerrte unablässig an meiner Regenjacke. "Wo sind Sie, Herr Schütt?" *"Wir fahren jetzt durch Kampen."* "Gut. Verbindung halten", befahl ich knapp. Ich spähte durch die Schilfhalme nach Süden. Nach zwei, drei Minuten machte ich in der Ferne ein vereinzeltes Paar Scheinwerfer aus. "Herr Schütt?" *"Ja."* "Sagen Sie dem Fahrer, er soll Gas geben." Scheinwerfer näherten sich. "Los, los, schneller, Mann!" Die Lichter wurden größer. "Öffnen Sie das rechte Fenster." Das Taxi raste heran. "Koffer raus", schrie ich. "Gas geben, los, Gas geben." In der Nähe schlug ein Gegenstand dumpf im Reet ein. Das Taxi schoss in unverminderter Geschwindigkeit vorbei. Lauernd äugte ich nach links und rechts. Außer den roten Rücklichtern sah ich nur tiefe Dunkelheit.

Ich hastete durchs Schilf. Griff den Koffer. Unter der Last brachen die Schilfhalme zu einer Schneise. Der Außenborder röhrte kurz auf. Schnell hatte ich 100, 200 Meter zurück gelegt. Ich drehte den Kopf. Das Ufer hüllte sich in tiefe Dunkelheit. Mit zittrigen Händen klappte ich den Koffer auf. Der Schein der Taschenlampe glitt über bedrucktes Papier. Hastig zog ich aus einem Bündel eine Banknote, fuhr mit dem Prüfstift über sie. Echt. Ich griff einen zweiten Schein. Echt. Ich blätterte das Bündel durch. Die Nummern wechselten beliebig.

Mit wehenden Händen schaufelte ich die Bündel in meinen Alukoffer. Dann katapultierte ich den leeren Koffer in hohem Bogen in die Wellen. Kein Peilsender sollte mich aufspüren. Ob sie den Damm, den Flughafen, den Fähranleger schon abgeriegelt hatten? Sollten sie dort doch warten bis zum Sankt Nimmerleinstag. Ich hielt mit dem Boot Kurs auf die Lichter im Osten. An einem verschwiegenen Plätzchen an der dänischen Küste würde ich an Land gehen. Ich drehte mich noch einmal um. In der Ferne glaubte ich ein Blaulicht auszumachen.

Es war lausig kalt, doch ich verspürte eine wohlige, innere Wärme.

Du Glückspilz, du verdammter Glückspilz, schoss es mir wohl zum zehnten Male durch den Kopf, als ich unvermutet über die schmale Bank stürzte. Es konnte nicht mehr weit bis zum Festland sein, da war das sonore Tuckern des Motors jäh verstummt. Ich rappelte mich auf und kroch nach hinten. Meine Hände ertasteten erst den Motor und dann grobe Stricke. Verflucht, was war das? Ich zerrte an dem Geflecht, bis es tief in meine Finger schnitt. Blut rann über die Hände, als ich das Malheur erkannte. Mussten die verdammten Fischer gerade hier ihre verdammten Netze aufstellen? Ich versuchte nach Kräften mit den Händen zu paddeln, aber die Stricke hielten das Heck im eisernen Griff.

Das Wasser reichte mir bis an die Brust. Mühsam watete ich durch den weichen Untergrund, den Koffer dicht an den Leib gepresst. Es ging ein paar Meter lang gut. Doch dann umklammerte eine unsichtbare Macht meine Füße, ich strauchelte und salziges Wasser rann in meine Kehle. Ich japste und ruderte mit den Armen, wobei mir der Koffer entglitt. "Hilfe", schrie ich in die Nacht hinaus, "Hilfe", bis das Wasser mein Flehen erstickte. Es war ein ungleicher Kampf und ich würde ihn wohl unweigerlich verlieren. Ein letztes Mal zog und zerrte ich mit aller Gewalt mit meinen Beinen und plötzlich gab das Fischernetz nach. Halb stolpernd, halb schwimmend näherte ich mich dem Ufer, mit rasselndem Atem und zitternd vor Eiseskälte. Ich torkelte die letzten Meter wie von Sinnen und brach zusammen.

Regen schmeckte ich auf den Lippen. Regen, kein Salzwasser. Über meinem Kopf zogen tiefgraue Wolken im Sturmritt dahin. Ich rappelte mich auf. Am dritten Gehöft landeinwärts entdeckte ich im Stall einen Blaumann. Er passte mir so leidlich. An der Landstraße hob ich den Daumen, bis mich ein mitleidiger Lkw-Fahrer aufsammelte. Am Abend war ich zurück in Hamburg. Ich fiel in mein Bett und schlief wie ein Toter.

Was weiter geschah, möchten Sie wissen? Nun, da gibt es nicht viel zu erzählen. Eine Grippe streckte mich zwei Wochen dahin. Thomas Schütt erging es da besser. Wie ich aus dem Radio erfuhr, hatte die Polizei ganze Arbeit geleistet und ihn etwa zur selben Zeit wohlbehalten aufgefunden, als ich in das Fahrerhaus des Lkw eingestiegen war. Nun, ich glaube, ich werde es wohl doch noch einmal mit solider Arbeit versuchen. Ich meine, bei meinen Fähigkeiten. Und was Sie anbelangt: Vielleicht spült Ihnen eine gütige Macht bei einem Strandspaziergang einen unscheinbaren Alukoffer vor die Füße. Dann, das verspreche ich Ihnen, werden Sie Ihren Sylt-Urlaub niemals vergessen.

Lauf, was du kannst

Er rannte über den schmalen Dünenweg, als ginge es um sein Leben. Der Atem rasselte, mit einem kurzen Ruck wandte er den Kopf nach hinten. Die Verfolger saßen ihm im Nacken, schemenhaft sah er ihre Köpfe hinter der letzten Biegung auftauchen. Drei oder vier waren es und sie holten auf.

Wirre Gedanken schossen ihm durch den Kopf. Sicherlich, er war nicht immer ein Musterknabe gewesen. Schon in der Schule hatte es angefangen. Aber warum musste der dicke Thomas aus der Parallelklasse, der blöde Streber, auf dem Schulhof mit seiner neuen Armbanduhr auch so prahlen? Ein kurzer Ringkampf, eine zersplitterte Uhr und eine Gardinenpredigt vom Rektor waren das Resultat gewesen.

Seine Lunge, so schien es ihm, drohte zu platzen. Lange würde er das nicht mehr durchhalten, soviel war klar. Doch welche Alternative blieb ihm schon? Er musste sie abschütteln, egal wie. Auf einer Düne grasten ein paar verirrte Schafe, die bei seinem Anblick nur kurz die Köpfe hoben, um dann wieder gelangweilt an dürren Halmen zu knabbern. Stoßweise quoll sein Atem hervor. Ob die Verfolger schon Boden gut gemacht hatten? Er wagte nicht, sich umzudrehen.

Er erinnerte sich an Kai. Sein bester Freund in Jugendtagen. Es waren wilde Zeiten und dann kam diese Nacht: Sturzbetrunken waren sie gewesen, als Kai am Wegesrand eine Eisenstange auflas. An der nächsten Straßenecke hatten sie mit blindem Aktionismus versucht, einen Zigarettenautomaten aufzuhebeln. Eine verbogene Stange, ein ramponierter Automat, der allen Anfeindungen trotzte, und eine waghalsige Flucht vor einem nahenden Streifenwagen, bei der sich Kai eine klaffende Kopfwunde zuzog, waren das Resultat gewesen.

Wie sein ganzer Körper schmerzte. Er musste es tun. Er musste den Kopf noch einmal wenden. Vier waren es, jetzt erkannte er es ganz genau, und sie hatten wieder einige Meter Boden gut gemacht. Dort vorne erblickte er die ersten Häuser von List. Wenn er den Ort erreichen würde – vielleicht könnte er sie dann abschütteln?

Sandra kam ihm in den Sinn. Seine große Liebe. Drei Jahre währte die warme Zuneigung, bevor sie abrupt erfror. Sicherlich lag es auch an jenem Abend. Er wollte den starken Mann markieren, hatte das Gaspedal durchgedrückt. Sandra schrie noch kurz auf – da hatte er den anderen Wagen auch schon gerammt. Ihr gebrochener Arm, eine gescheiterte Beziehung und eine Strafanzeige waren das Resultat gewesen.

 Seine letzten Kräfte schwanden. Er ahnte, dass es kein Entrinnen gab. Schon glaubte er, die Schritte seiner Verfolger im knirschenden Kies wahrzunehmen. Warum zum Teufel hatte er sich auch darauf eingelassen? Er hatte doch gewusst, dass es ein Wagnis war. Aber sein Ehrgeiz hatte letztlich die Oberhand behalten. Einmal. Nur einmal wollte er ihn gewinnen, den alljährlichen "Sylt-Lauf" von Hörnum nach List.

Hochzeitstag

"Ich verstehe dich einfach nicht." Susanne schüttelte nachdrücklich den Kopf und blickte in das Gesicht ihrer Freundin, auf dem sich hektische rote Flecken abzeichneten. "Ja, ja, du bist ja auch nicht verheiratet und hast keinen Mann, der dich belügt, betrügt, hintergeht", brauste Gabi auf. "Aber du hast doch gar keine konkreten Beweise. Meinst du nicht, dass du dich da in eine fixe Idee reinsteigerst?", gab Susanne zu bedenken. Gabi erhob sich abrupt aus dem Sessel. "Danke für den Kaffee", nickte sie pikiert und wandte sich der Haustür zu. "Gabi, nun warte doch mal", rief Susanne, aber da war die Tür auch schon ins Schloss gefallen.

"Fixe Idee, so ein Quatsch. Ich weiß, was ich weiß", zürnte Gabi auf dem Nachhauseweg. Wie oft war Wolfgang in den vergangenen Monaten mit fadenscheinigen Ausreden erst am späten Abend nach Hause gekommen. Mal waren es Überstunden, mal hatte ein Freund seine Hilfe benötigt. Und dann das: Eine Kollegin von Gabi hatte Wolfgang gesehen. Mit einer flotten Blondine in einem leuchtend roten Kleid. In einem Straßencafé, scherzend und lachend.

"Hallo Liebling!", rief eine sonore Stimme aus dem Wohnzimmer. Sie zwang sich zu einem Lächeln. Ja, auch sie konnte schauspielern. Anfangs hatte sie ihm mehrfach eine Szene gemacht, doch er hatte brüsk abgewehrt: "Du bist doch krank", hatte er ihr gar an den Kopf geworfen. Seit einigen Wochen aber gab sie sich zuckersüß. Denn ein dunkler Plan war in ihr gereift. Wolfgang musste verschwinden aus ihrem Leben. Und er sollte teuer zahlen für seinen Verrat. Sie hatte lange sinniert. Und dann war ihr der geniale Einfall gekommen. Wolfgang, der Nichtschwimmer. Seine verwundbare Stelle.

Ihren Hochzeitstag wollte Wolfgang mit ihr auf Sylt feiern, dort, wo ihre Liebe einst so glückvoll begonnen hatte. Es fiel ihr nicht leicht, Vorfreude zu heucheln, doch beflügelten die Rachegedanken ihre von Eifersucht zerfressene Seele. Es war am Vorabend des Hochzeitstages. Sie saßen in einem Lister Restaurant unter Reetdach bei Kerzenschein, während ein leichter Herbststurm an den Fensterläden rüttelte. "Ist das nicht romantisch?", fragte er. "Sicher, mein Schatz", antwortete sie mit Schmelz in der Stimme. "Morgen also: Zehn Jahre. Und ich habe noch eine besondere Überraschung für dich", säuselte er. Was das wohl sein mochte, das interessierte sie indes herzlich wenig. Womöglich ein Brillantring, um sie in Sicherheit zu wiegen. Nein, ihr Plan stand fest – und schon sehr bald würde sie ihn ausführen.

Als sie das Restaurant verließen, er schon etwas angeheitert, spazierten sie in Richtung des Lister Hafens und ließen sich die herbe Brise um die Ohren wehen. "Wer als erster an der Spitze der Pier ist", rief sie mit gekünstelter Heiterkeit und lief ihm davon. Ein wenig schwankend und gegen die Böen kämpfend folgte er ihr. Sie stand im Wind und spähte auf die schäumende See, die im Dunkel an die Hafenmauer brandete. "Nicht so weit, Gabi", mahnte er sorgenvoll. Sie setzte noch einen Schritt nach vorn. "Bitte, Schatz!", rief Wolfgang und ergriff ihre Hand. Sie wandte sich ihm zu und zog ihn an sich heran, presste ihre Lippen auf die seinen – und dann, gänzlich unvermittelt, stießen ihre Arme mit ganzer Kraft gegen seine Brust. "Gabi" stieß er nur noch hervor, mit angstverzerrtem Gesicht, mit strauchelnden Armen, bevor er hinunterstürzte in die kalten, dunklen Fluten.

19

Gabi blickte über die Pier. Eben noch menschenleer, konnte sie nun dort hinten im matten Schein einer Laterne eine Gestalt ausmachen, die sich langsam näherte. Sie zog ihre Regenmütze tiefer in die Stirn. Doch der Mann machte kehrt. Energisch zog ihn ein Hund an der Leine zurück, nur weg aus dem anschwellenden Sturm, zu dem sich jetzt auch noch heftiger Regen gesellte. Gabi blickte sich fahrig um. Nein, es war niemand mehr zu sehen. Sie stellte sich unter ein Vordach, zückte ihr Handy und schrie gegen den Wind an: "Hallo? Rettungszentrale? Bitte kommen Sie schnell – mein Mann, er ist am Lister Hafen ins Meer gestürzt. Ja, vor wenigen Minuten. Schnell, bitte, schnell, ich brauche Hilfe!"

"Brauchen Sie vielleicht einen Arzt?" Der korpulente Polizeibeamte hatte sich hinter seinem Schreibtisch erhoben und legte ihr mitfühlend seine Hand auf den Arm. "Nein", schluchzte sie angestrengt, "es geht schon. Aber vielleicht könnte mich jemand nach Hause ins Appartement fahren?" Im Streifenwagen blickte sie stumm in die Nacht hinaus. Sie hatte ihre Sache gut gemacht. Stand weinend dabei, als die Feuerwehr die Pier und das brausende Meer ausleuchtete, als der Notarzt unverrichteter Dinge davonfuhr und die Polizisten ihr behutsam eine Decke um die Schultern legten. "Er stand direkt neben mir. Es ... es war so ein romantischer Abend und wir wollten doch nur noch einen Blick auf das Meer werfen. Und dann ... und dann kam diese Sturmböe. Und er war plötzlich weg. Einfach weg." Gabi schnäuzte ihre Nase. "Wolfgang kann doch nicht schwimmen. Aber wie ... wie hätte ich denn helfen können?" Die Polizeibeamten blickten sie verständnisvoll an. "Frau Köhler, Sie tragen keine Schuld. Selbst wenn ihr Mann hätte

20

schwimmen können – die Chancen bei diesem Wetter wären doch gering gewesen."

Es war ein tiefer Schlaf, in den Gabi fiel. Der Regen trommelte an die Fenster und sie fühlte sich befreit. Sie würde keinen Mann mehr an ihrer Seite dulden. Lügner, Betrüger, Fremdgänger allesamt. Sie schwelgte noch einige Momente in ihrem Wahn, bevor ihr schließlich die Augen zufielen.

Das Prasseln des Regens an die Scheiben war zu einem kräftigen Klopfen angeschwollen. Müde hob Gabi ihren Kopf aus dem Kissen. Das Klopfen wurde lauter und es hörte sich nicht nach Regen an. "Ja?", fragte Gabi wie im Trance, als sie die Tür öffnete. "Guten Morgen. Wir haben eine kleine Überraschung für Sie, Frau Köhler", antwortete ihr Gegenüber und die Stimme des Polizisten hatte einen bedrohlichen Unterton. Ein Mann trat neben ihn. "Gabi. Ich kann es einfach nicht fassen, was du mir angetan hast", zischte Wolfgang.

Zwei Beamte führten sie zum Streifenwagen. Bevor die Autotüren zuklappten, trat Wolfgang hinzu. "Ich hatte dir doch eine Überraschung versprochen. Ich meinte damit nicht nur den hübschen Ring, den ich hier in meiner Jackentasche habe. Sondern den Schwimmkurs, den ich heimlich besucht habe – und mir deshalb so manche Ausrede einfallen lassen musste. Nun ja ... in dieser Nacht habe ich die Schwimmprüfung wohl bestanden."

Der Streifenwagen setzte sich in Bewegung und Gabi drehte noch einmal den Kopf. Sie sah Wolfgang verstohlen winken.

Doch sein Blick war abgewandt. Im morgendlichen Grau des Herbsttages nahm Gabi für einen kurzen Moment einen Farbtupfer wahr, dort hinten, auf dem Bürgersteig. Er ähnelte einer flotten Blondine in einem leuchtend roten Kleid.

Der Schatz in der Scheune

Herr Kerbholz, so lautete tatsächlich sein Name, hatte es als Möbelhändler im Laufe der Jahre zu einem gewissen Wohlstand gebracht. Zwar lag sein kleines Geschäft am Stadtrand von Hamburg, doch dank seines durchaus ausgesuchten Angebots suchten ihn viele Kunden dort gezielt auf. Herr Kerbholz verstand es dabei vortrefflich, ganz und gar auf sein Gegenüber einzugehen und sich diesem einem Chamäleon gleich anzupassen, darüber hinaus zeichnete er sich durch einen großen Sachverstand aus, was sein Klientel sehr zu schätzen wusste.

Es war viel Routine in dem gleichmäßigen Leben des korpulenten Endfünfzigers. Jeden Freitagabend etwa, nachdem er die Ladentür sorgsam verschlossen hatte, machte er am Küchentisch Kassensturz für die Woche, schlurfte hernach ins Schlafzimmer und öffnete den Kleiderschrank, um zu packen. Die meisten Wochenenden des Jahres war Herr Kerbholz nämlich auf Reisen. Es waren keine allzu weiten Fahrten, die er unternahm. Mal ging es nach Niedersachsen, mal nach Mecklenburg oder nach Schleswig-Holstein. Wie Planquadrate arbeitete er das weite Umland Hamburgs ab, wobei er Städte mied und sein Interesse allein auf kleine Dörfer beschränkte.

Die Suche führte oftmals nicht zum gewünschten Ergebnis, doch Herr Kerbholz liebte diese Wochenenden, wenn er wie ein Jäger auf die Pirsch ging, er genoss die Abwechslung von der alltägliche Tristesse, zudem war er alleinstehend und wurde daheim von niemandem vermisst. Es waren vor allem die abseits gelegenen Höfe, denen das besondere Augenmerk von Herrn Kerbholz galt, und je baufälliger sie waren, desto größer war sein Interesse.

An jenem Wochenende, von dem hier die Rede sein soll, hatte sich Herr Kerbholz aufgemacht, ein weiteres Planquadrat abzugrasen. Hoch oben im Norden sollte diesmal das Ziel der Reise sein, und weil er in den vergangenen Wochen einige recht lohnende Verkäufe getätigt hatte und in Hamburg eine sommerliche Hitze brütete, beschloss er, das Wochenende um einige Urlaubstage zu verlängern. In Nordfriesland wollte er sich umschauen und seine Rundreise auf Sylt beginnen, wobei ihn dabei zugegebenermaßen mehr die Aussicht auf ein paar wohlige Stunden am Strand als auf geschäftliche Erfolge lockte.

Erfolge. Oh ja. Auf dem ruckelnden Autozug gedachte Herr Kerbholz seines größten Coups. Im Mai, nein im April vergangenen Jahres war es gewesen. Ein baufälliger Bauernhof im Niemandsland, unweit der mecklenburgischen Ostseeküste. Höflich hatte er sich dem alten Herrn, der misstrauisch die Haustür öffnete, vorgestellt, hatte sein Anliegen überzeugend vermittelt, wurde in die gute Stube gebeten und durfte sich nach einer belanglosen Plauderei im Haus ein wenig umsehen. Auf dem Dachboden dann traf ihn beinahe der Schlag. Welch ein Frevel! Zwischen unnützem, wertlosen Hausrat fristete ein gutes Stück ein verstaubtes Dasein. Denn trotz des nicht eben ansehnlichen Zustandes hatte Herr Kerbholz die Noblesse dieses antiken Schranks mit Kennerblick erkannt. Es brauchte nicht lange und er hatte den Fund dem Bauern abgeschwatzt, sogar froh war dieser Tölpel gewesen, den Ballast los zu werden. Herr Kerbholz ließ den Schrank, eine sorgfältige Arbeit von Meisterhand, aufarbeiten und stellte ihn in sein Geschäft. Ein betuchter Stammkunde blätterte ihm wenige Tage später anstandslos die geforderten 25.000 Euro auf den Kassentisch.

Es waren entspannte Stunden, die hinter Herrn Kerbholz lagen, als er vom Westerländer Strand in sein preiswert angemietetes Appartement zurückkehrte. Am Nachmittag fuhr er mit dem Auto nach Morsum. An einem alten Friesenhaus hinter dem Deich stoppte er. Er strich sich über das schüttere Haar, bevor er den Klingelknopf betätigte. "Ja?", fragte ihn eine Stimme scharf. "Verzeihung. Mein Name ist Priest. Ich bin Tischlermeister und verwerte Altholz – wenn Sie vielleicht das eine oder andere marode Möbelstück haben, dessen Sie nicht mehr bedürfen? Sehen Sie, der Erlös fließt einer Stiftung zugute, die sich für behinderte Kinder engagiert..."

Sein Gegenüber schüttelte wortlos den Kopf und schloss unsanft die Tür. Zwei weitere Male wurde er abgewiesen und als ihm schließlich ein altes Mütterlein Einlass gewährte, stellte er schnell fest, dass die ausrangierten Möbel im Keller wertlos waren und verabschiedete sich unter fadenscheinigen Gründen.

Seufzend bog Herr Kerbholz in eine kleine Straße ein, als er ein gutes Stück entfernt ein Bauerngehöft gewahrte, das sich an ein kleines Gehölz duckte. Ein langer Feldweg führte von dem Sträßlein zu dem Gehöft, doch eine Kette versperrte die Durchfahrt. Herr Kerbholz stellte den Motor ab und trat den Fußweg an. Der Kies knirschte unter seinen Füßen, als er an struppigen Rindern, die in dumpf anstierten, vorüberschritt. Eine Klingel suchte er am Mauerwerk vergebens und so klopfte er sachte gegen die Tür. Knarrend wurde diese von einem verhutzelten Männlein geöffnet, das ihn misstrauisch musterte.

"Verzeihung. Mein Name ist Priest", sagte der Gast sein Sprüchlein auf. Das Männlein wiegte den Kopf und strich sich zögerlich über den verfilzten Bart. "Hm, ich weiß nicht recht." Priest senkte sein Haupt und säuselte salbungsvoll: "Aber bedenken Sie doch, guter Mann, es ist für bedauernswerte Kinder. Geben Sie Ihrem Herzen einen Stoß." Der Türspalt vergrößerte sich und mit einem Wink gewährte ihm das Männlein Einlass.

Die Augen von Herrn Kerbholz mussten sich erst an die Dunkelheit gewöhnen, die im Inneren herrschte. Kein Sonnenstrahl drang durch die Vorhänge der muffig riechenden Wohnung mit ihren niedrigen Decken. Im Wohnzimmer stach Herrn Kerbholz allein die schmucke Fliesenwand ins Auge, die der kargen Einrichtung ein wenig Glanz verlieh. Auf dem Sofa saß eine dickliche Frau und strickte. Sie nickte dem Gast kurz zu und vertiefte sich dann wieder in ihr Tagwerk.

Herr Kerbholz folgte dem Hofbesitzer durch die Hintertür zu einer windschiefen Scheune. "Dort", wies das Männlein auf den

Heuboden, "dort oben stehen noch ein paar Sachen." Als sie die wacklige Leiter erklommen hatten, erkannte Herr Kerbholz unter einer großen Plane einige Ausbuchtungen, die sich als Mobiliar entpuppten. Ein Stuhl mit drei Beinen kippte Herrn Kerbholz vor die Füße, dahinter stand ein abgeschabter Küchentisch und dort ... Herrn Kerbholz stockte der Atem. Das Blut pulsierte in seinen Ohren und trotz der Kühle trat ihm Schweiß auf die Stirn. Seine Hand strich über das ebene Holz und die prachtvollen Intarsien. Herr Kerbholz rang um Fassung. Nein, das konnte nicht sein.

Aber doch, der einzigartige Stil dieser Kommode war unverkennbar. Ein Werk aus der Hand des Kunsttischlers David Roentgen, Herr Kerbholz war sich da ganz sicher. Roentgen, dessen Manufaktur im 18. Jahrhundert Fürsten- und Königshäuser in ganz Europa beliefert hatte, sogar den Hof Katharinas der Großen von Russland, glaubte sich Herr Kerbholz zu erinnern. Hatte er nicht kürzlich in einer Fachzeitschrift von einem sensationellen Verkauf gelesen? Ein klassizistischer Tisch aus der Hand dieses Meisters hatte bei einer Auktion 200.000 – oder waren es 250.000? – Euro erbracht. Das Möbelstück, ja, jetzt erinnerte er sich genau, hatte seinen ahnungslosen Besitzern zuvor als Fernsehtisch gedient.

Und nun? Nun stand er vor einem ähnlich kolossalen Fund, hier, in einer windschiefen Scheune irgendwo hinterm Sylter Deich. "Bleib ruhig, bleibt ganz ruhig und lass Dir ja nichts anmerken", befahl seine innere Stimme. "Können Sie davon etwas gebrauchen?", schnarrte die Stimme des Männleins. "Ja", ächzte Herr Kerbholz, "Ich denke ... den Tisch dort und die Kommode da, aus dem Holz könnte man sicherlich noch etwas machen." Das Männlein legte die Falten in die Stirn. "Die Kommode? Die ist doch noch ganz gut in Schuss." – "Ach", zwang sich Herr Kerbholz zu einem überlegenen Lächeln, "ach wissen Sie, das täuscht. Innen ist das Holz sicherlich schon ganz zerfressen und rumms, haha, fällt sie Ihnen eines Tages zusammen. Da lassen wir das lieber in der Holzmühle lieber pressen und bauen was ganz Neues draus. Sie wissen ja, der Kinder wegen." – "Na gut", sagte das Männlein. "Dann lassen sie uns das Zeug mal runter schaffen."

Der Tisch bereitete den beiden Männern wenig Umstände, doch die schwere Kommode kostete einigen Schweiß, bevor sie sicher unten auf dem Boden stand. Immer wieder musterte Herr Kerbholz verstohlen den Schatz und musste sich zu scheinbarer Gelassenheit zwingen. "Wo steht Ihr Wagen?" fragte das Männlein. "An der Straße." – "Gut. Nehmen Sie einfach die Kette ab, dann können Sie direkt auf den Hof fahren." – "Ja", keuchte Herr Kerbholz kaum hörbar, "ich bin gleich wieder zurück."

Draußen empfing ihn wärmender Sonnenschein, doch nicht deshalb wallte eine große Hitze in ihm auf. Er hätte tanzen können, singen und springen, jubilieren, doch er zwang sich mühselig zu einem gemessenen Schritt. Vielleicht sah ihm das Bäuerlein nach, auf keinen Fall durfte er sich etwas anmerken lassen. Was die Kommode wohl einbringen würde? 100.000 Euro? 150.000 Euro? Vielleicht mehr? Ihm wurde schwindlig. Die Fachzeitschriften würden über ihn berichten, ihn, den Entdecker einer herausragenden Arbeit von keinem Geringeren als

David Roentgen. Was für ein herrlicher Urlaub auf Sylt. Welch ein Tag, welch ein grandioser Tag!

"Er holt jetzt sein Auto, um den Krams einzuladen", sagte das Männlein unterdessen zu seiner Frau und schüttelte den Kopf. "Weiß nicht, wie er die sperrigen Sachen in seinen Wagen kriegen will." – "Was will er damit überhaupt anstellen?", fragte die Bäuerin. "In der Holzmühle pressen lassen und irgendwas Neues draus bauen." – "Vielleicht", sinnierte die Bäuerin, "vielleicht kannst du ihm die Sachen ein bisschen handlicher zerlegen, dann passt's bestimmt in seinen Wagen."

Das Männlein überlegte: "Hm, da magst du recht haben." Er schlurfte aus dem Hintereingang hinüber zur Scheune. Auf einem mächtigen Holzklotz ruhte eine stattliche Axt. Der Bauer spuckte in die Hände und musterte die Möbel. "Fangen wir mit dem Gröbsten an", sprach er zu sich. Just in dem Moment, in dem der erste Axthieb die Kommode krachend splittern ließ, stieg Herr Kerbholz draußen im Hof aus seinem geräumigen Kleintransporter, ein seliges Lächeln auf den Lippen.

Haus zu verkaufen

Sein Leben verlief rastlos und er verfluchte es an diesem eisigen Wintermorgen. Tränenreich, denn ein scharfer Ostwind trieb ihm das Wasser in die Augen. Mit Hunderten anderer Wartender drängte Carsten Sörensen in der klammen Kälte dem Zug entgegen, der sich mit zehnminütiger Verspätung just bequemte, in den Niebüller Bahnhof einzufahren. Carsten fädelte sich in eine der Warteschlangen vor den Zugtüren ein und als er sich endlich in den bereits überfüllten Waggon pressen konnte, waren alle Sitzplätze längst belegt.

Der Zug rüttelte die Reisenden durch das Dunkel, nur schemenhaft erkannte Carsten durch das Fenster hier und da ein Licht auf einem der vielen Höfe, die sich über das flache Land verstreuten. Sein Nebenmann in der zerschlissenen Arbeitsjacke roch nach Schnaps – nun gut, so konnte man sich beim Warten eben auch gegen die Kälte wappnen –, die Frau zu seiner Rechten, die unablässig mit ihrer Nachbarin über zänkische Kolleginnen und einen launischen Chef debattierte, dünstete sauren Schweiß aus.

Wie er die morgendlichen Überfahrten hasste. Bis vor drei Jahren hatte Carsten in Westerland gewohnt und seinen Bürostuhl nach einem kurzen Fußweg erreicht. Eigenbedarf des Vermieters hatte ihm und seiner Verlobten dann das Heim geraubt, und ein Ersatz ließ sich angesichts von Wohnungsmangel und Wuchermieten nicht finden. Schweren Herzens hatten sie schließlich in Niebüll eine neue Bleibe gefunden und reihten sich ein in das Heer der Pendler, die tagein, tagaus

Zugvögeln gleich frühmorgens vom Festland auf die Insel und am Abend wieder zurückschwärmten. Wie die vielen Leidensgenossen versuchte Carsten die Zugverspätungen und -ausfälle, die drangvolle Enge und die gleichmütigen Gesichter stoisch zu ertragen, was ihm mal mehr, mal weniger erfolgreich gelang.

In Westerland spuckte der Zug seine Fracht aus und Carsten sog die frische, kalte Luft tief ein. Im Büro erwarteten ihn ein mürrischer Chef, ein überquellendes Postfach in seinem PC und eine defekte Kaffeemaschine. Zäh verlief der Arbeitstag und endete mit einer unerfreulichen Überraschung: In Westerland standen die Züge still. "Ein Gleisbruch vorm Damm, das kann dauern", grummelte ein Bahnbeamter, der von Carsten und anderen fragend umlagert wurde.

Und jetzt? Carsten suchte wie etliche andere Pendler Unterschlupf im Bistro des Bahnhofs, orderte einen Glühwein und stierte auf die wartende Menge. Eine halbe Stunde später zog es ihn hinaus und ziellos lenkten ihn seine Schritte durch die Straßen. Je weiter er lief, desto seltener begegnete ihm jemand auf dem Bürgersteig. Die trutzigen Appartementburgen wichen gemütlichen Wohnhäusern und kleinen Pensionen, aus deren Fenstern matter Lichtschein auf den Asphalt fiel.

"Puan-Stöven-Weg" verriet ein Straßenschild. Hier war er noch nie gewesen. Er schlenderte an stillen Vorgärten vorbei, als er endlich eine Menschenseele gewahrte. Eine Frau bemühte sich, einen kleinen Holzpfahl mit einem Schild in die Krone des Friesenwalls zu treiben. "Darf ich Ihnen helfen?", bot sich Carsten an und dankbar reichte sie ihm den Holzhammer. Mit ein paar

gezielten, kräftigen Schlägen vollendete er die Arbeit. "Zu verkaufen" prangte auf der Tafel und Carsten schob sinnierend die
Unterlippe vor.

 "Haben Sie vielleicht Interesse?", fragte die
Frau. Im Schein der Straßenlaterne blickte er
in ein schemenhaftes Gesicht, das von einer
Strickmütze und einem Wollschal umhüllt war.
umhüllt war. Einzig zwei blitzende, lebhafte Augen vermochte
er recht deutlich zu erkennen. Carsten schüttelte den Kopf. "Das
ist leider nicht meine Gehaltsklasse." Die Frau musterte ihn merklich. "Wir werden sehen. Was halten Sie von einer Tasse Tee?"

Und so fand sich Carsten wenig später in einem elegant einge-
richteten Wohnzimmer wieder. Die Gastgeberin erwies sich als
eine sehr sympathische Dame, die Carsten auf gut und gerne
sechzig Jahre schätzte. Tief in die Haut gegrabene Lachfalten
umspielten ihre Augen, ihr Lächeln war freundlich und ihr Blick
interessiert. Schnell fasste Carsten Vertrauen und erzählte bei
der zweiten Tasse Tee freimütig aus seinem Leben.

"Sie würden also gerne wieder auf Sylt wohnen?", fragte sie
Carsten. "Ja. Aber es wird wohl ein Wunschtraum bleiben." Ihre
Lachfalten zuckten. "Nun, vielleicht habe ich ein reizvolles Angebot. Was halten Sie von, sagen wir tausend Euro?" Carsten
blickte zu Boden. "So eine Miete können wir uns nicht leisten."
Sie lehnte sich im Sessel zurück. "Ich spreche nicht von Miete,
sondern von einem Kauf des Hauses."

Carsten blickte abrupt auf. Dass sie seine missliche Lage mit Hohn quittierte, verärgerte ihn. Ungerührt sprach sie weiter. "Ich will es Ihnen erklären. Sehen Sie, ich war über vierzig Jahre verheiratet, glücklich, wie ich meinte. Vor zwei Monaten ist mein Mann überraschend verstorben. Alle Ersparnisse und Immobilien sind in mein Eigentum übergegangen, verbunden mit einer Klausel in seinem Testament: Dieses Haus hier soll von mir verkauft werden und der Erlös seiner treuen, langjährigen Sekretärin zugute kommen." Sie lachte kurz, aber bitter auf. "Treu ist in diesem Zusammenhang besonders treffend, denn ich hatte ein sehr aufschlussreiches Gespräch mit einer anderen Mitarbeiterin. Ich habe dann mal tiefer gegraben und alles bestätigte sich: Frau Hansen war meinem Mann über Jahre hinweg in jeder Hinsicht zu Diensten. Nun ja", sie strich genüsslich den Pony zurück, "nun werden die Betrüger selbst die Betrogenen sein. Denn ich würde Ihnen das Haus für exakt tausend Euro verkaufen – so Sie denn mögen."

Carsten nickte apathisch und rang nach Worten. "Sehr gerne. Ja. Sehr gerne", stockte er. Sie reichte ihm die Hand: "Der Handel gilt. Ich werde für die kommenden Tage einen Termin beim Notar vereinbaren. Und nun wollen wir noch eine schöne Tasse Tee trinken."

Als Carsten den Westerländer Bahnhof wieder erreichte, drängte sich gerade eine Menschentraube in den ersten Zug, der gen Festland fuhr. Nur mit Mühe konnte sich Carsten in den Waggon zwängen. Neben ihm roch es nach Schweiß und nach Alkohol. Er lächelte und freute sich auf die schönste Zugfahrt seines Lebens.

Zahltag

Er war ein guter Mann. Da lass ich nix drauf kommen. Hi wiar stark üüs en Dik, fliitig üüs en Em en gur tö pas üüs en Mö, wie man bei uns auf Sylter Friesisch sagt. Ja, stark war er wie ein Deich, fleißig wie eine Biene und munter wie eine Möwe am Himmel. Aber geholfen hat es letztlich dann nicht mehr.

Als Hermann Hansen, der seine Heimatinsel nur ungern und selten verließ, eines Morgens am Westerländer Bahnhof in den Zug stieg, ahnte er noch nicht, dass es die betrüblichste Reise seines Lebens würde. Hochgewachsen und von kräftiger Statur, hätte niemand vermutet, dass er sterbenskrank war.

Vor wenigen Tagen hatten ihn beständige Kopfschmerzen, deren Intensität zunahm, in die Praxis seines Hausarztes getrieben. Der konnte zwar keinen Befund diagnostizieren, hatte jedoch eine dunkle Vermutung und eine Überweisung ausgestellt. Als Hermann Hansen am Mittag den modernen Bau des Tumorzentrums auf dem weitläufigen Gelände des Universitätskrankenhauses in Hamburg-Eppendorf betrat, hätte er am liebsten auf der Stelle kehrtgemacht. Stattdessen ließ er nach einer längeren Wartezeit eine Computertomografie und weitere Untersuchungen über sich ergehen, ehe er einem jungen Arzt gegenüber saß.

"Es sieht nicht gut aus", begann der Doktor ohne Umschweife. "Wir haben einen Hirntumor festgestellt." Er machte eine kurze Pause und senkte die Stimme um eine Nuance. "Leider ist der Tumor bösartig. Und er ist inoperabel." Hermann Hansen schluckte trocken und spürte eine Hitzewallung in sich auf-steigen. "Wie lange habe ich noch?" Der Arzt strich sich über das schmale Kinn. "Zwei Monate. Vielleicht drei."

Als Hermann Hansen die Klinik verließ, war seine aufrechte Haltung einem gebeugten Rücken gewichen. Er stützte sich an eine Säule und versuchte, tief durchzuatmen. "Möchten Sie eine Zigarette?", fragte ihn ein etwa gleichaltriger Mann. "Nein, danke. Ein Schnaps wäre mir jetzt lieber", schüttelte Hansen blass den Kopf.

Zehn Minuten später bestellten zwei Männer in einer schumm-rigen Eckkneipe zwei Pils und zwei Korn. "Ich weiß gar nicht, wie ich es meiner Frau beibringen soll", fragte sich Hansen. Und er begann zu erzählen, aus seinem Leben und von der Diagnose, als sei der Fremde ein guter Freund. Und der hörte aufmerksam zu, nickte verständnisvoll, fragte hier und da inte-ressiert nach.

"Ich bleibe noch eine Nacht in Hamburg", erklärte Hansen seiner Frau am Telefon. "Was ist mit dir? Was sagt der Arzt?", fragte sie besorgt. "Mach dir keine Gedanken. Sie wollen morgen früh noch eine Untersuchung machen, dann komme ich nach Hause." Er reichte seinem Gegenüber das Handy zurück. "Danke, Heinz. Ich kann jetzt einfach noch nicht heimfahren. Es schwirrt zu viel in meinem Kopf herum." Der andere legte die Hand auf seinen Arm. "Ich weiß. Jeder hat im Leben sein Paket zu tragen."

Im Laufe des Abends, an dem die beiden Männer immer ver-trauensvoller miteinander sprachen, erfuhr Hermann Hansen, dass auch Heinz Kobing nicht frei von schwerem Leid war. Vor einem Jahr war seine Tochter von einem Auto überfahren worden. "Sie starb noch an der Unfallstelle. Dabei hätte sie gerettet werden können. Doch der Mann war besoffen. Hat sie einfach da liegen lassen und ist abgehauen. Sie haben ihn später geschnappt. Grinsend kam das Schwein nach der Verhandlung aus dem Gerichtssaal. Zwei Jahre auf Bewährung. Ist das Gottes Gerechtigkeit?"

Einen Drink später legte Kobing unvermittelt erneut seine Hand auf Hansens Arm. "Du könntest für Gerechtigkeit sorgen, Hermann." Hansen trank den letzten Schluck aus dem Glas und wischte sich über die Lippen. "Wie meinst du das?" Kobing neigte sich vor. "Weißt du, Hermann, es hört sich jetzt vielleicht bitter an. Aber dass du bald stirbst, ist unvermeidlich. Doch könnte ich zumindest für die finanzielle Sicherheit deiner Familie sorgen." Hansen dachte nach. Seine Rente war klein und schon jetzt kamen sie kaum über die Runden. Auch ihrer Tochter und dem Enkel würden sie gern einmal mehr als nur ein paar Kleinigkeiten zustecken.

"Noch zwei, Frollein", rief Hansen zum Tresen und drehte den Kopf zu Kobing: "Was denkst du denn genau?" – "Ich will es dir sagen, kurz und knapp: Du knallst das Schwein ab, nimmst die Schuld auf dich, falls du gefasst wirst, und ich werde es dir reichlich entlohnen. Mit 100.000 Euro braucht sich deine Frau erstmal keine Sorgen zu machen." – "Ich weiß nicht so recht", wiegelte Hansen ab. "Lass mich eine Nacht drüber schlafen."

Es wurde eine unruhige Nacht, in der sich Hermann Hansen in

seinem Hotelbett hin- und herwälzte. Das Angebot war verlockend. Und der Kerl hatte es sicherlich verdient, bestraft zu werden. Aber ihn einfach erschießen? Hansen drehte sich verspannt auf die andere Seite. Am nächsten Morgen, das Frühstück war kurz, da appetitlos, traf er Heinz Kobing auf einer Bank in einem kleinen Park. "Und, hast du nachgedacht?", fragte Kobing lauernd. "Ja. Ich mache es. Aber 150.000 Euro müssen drinnen sein. Die Hälfte vorher, die andere unmittelbar danach." Kobing strich sich durch das schüttere Haar, überlegte einige Momente und stimmte zu. Sie saßen noch eine Weile auf der Bank, dann bestieg Hansen ein Taxi zum Bahnhof.

"Alles gut, mein Schatz. Sie konnten nichts feststellen", berichtete Hansen daheim seiner Frau, während die Kopfschmerzen pochten. Sie betrachtete ihn skeptisch: "Und das war alles?" – "In zwei Wochen soll ich nochmal vorstellig werden. Ich werde Tabletten bekommen. Wird schon werden. So, und nun muss ich erstmal was essen." – "Ich fülle dir gleich die Suppe auf."

Zwei Wochen später stand Heinz Kobing in Hamburg-Altona auf dem Bahnsteig. "Hattest du eine gute Fahrt?" – "Ziemlich voll der Zug. Und wieder diese verdammten Kopfschmerzen." – "Gleich kannst du dich erstmal ausruhen." Eine gute Viertelstunde später bog Kobing mit seiner Limousine in die Hofeinfahrt einer kleinen, alten Villa ein. "Schön hast du's hier", staunte Hermann Hansen.

Am Abend besprachen die beiden bei einer Flasche Wein im Wintergarten die Einzelheiten. Hansen machte sich mit dem Revolver vertraut, den ihm Kobing reichte. "Woher hast du ihn?", fragte Hansen. "Sagen wir mal: Aus dunklen Kanälen. Seine Spur wird sich nicht zurückverfolgen lassen." Kobing schenkte nach. "Ich habe die Wohnung des Kerls fast jeden Tag einige Stunden beobachtet. Einige Bäume und Büsche waren ein ideales Versteck. Er verlässt jeden Morgen pünktlich um sieben Uhr das Haus und geht zu seinem Wagen. Zwanzig Meter sind das etwa. Da schnappst du ihn dir." Kobing stand auf und legte einen Koffer auf den Tisch. "Die ersten 75.000. Du darfst gerne nachzählen."

Am übernächsten Morgen stand Hermann Hansen mit zittriger Hand an der Straßenecke auf Posten. Noch lag die Stadt in tiefer Dunkelheit. Nervös blickte er auf seine Armbanduhr. Schon fünf Minuten nach sieben. Da öffnete sich die Haustür. Ein Lockenkopf trat heraus. Er war es. Hansen ging ihm gemessenen Schrittes entgegen. Er fühlte das kalte Metall in seiner Manteltasche. Noch zehn Meter.

"Mama, Mama!" Ein kleines Mädchen mit einem wippenden Schulranzen rannte an Hansen vorbei. "Mama, warte auf mich!" An einem der parkenden Autos stand eine Frau. Hansen hatte sie gar nicht bemerkt, so fokussiert war sein Blick auf den Lockenkopf gerichtet. Er ließ den Griff des Revolvers los und zog die Hand aus der Manteltasche. Betont gleichgültig ging er an seinem Ziel vorbei des Weges.

Am Morgen darauf stand Hansen erneut parat. Ein Regenschauer hatte den Bürgersteig blank gewaschen, als der Lockenkopf eine Minute vor sieben das Haus verließ. Hermann Hansen stapfte los und rutschte nach dem ersten Schritt auf dem glatten Pflaster fast aus. "Konzentrier dich!", zwang er sich innerlich und schlurfte nun ganz langsam. Noch fünf Meter. Noch drei. Der Lockenkopf hatte sein Auto gerade erreicht und wollte die Fahrertür öffnen. Hansen zog den Revolver und richtete ihn auf den Mann. Dumpf hallte ein Knall von der Hauswand wider, dann ein zweiter. Der Lockenkopf kippte gegen die Seitenfront des Autos und rutschte dann langsam zu Boden in eine Pfütze, die sich rasch rötlich färbte.

Ohne sich umzublicken überquerte Hansen zügig die Straße und verschwand über mehrere Bahngleise hinweg in der Finsternis. Er sah nicht mehr das parkende Auto, dessen Motor gerade startete. Der junge Mann am Steuer griff an der nächsten roten Ampel zu seinem Handy und legte nach nur drei Worten wieder auf: "Es ist erledigt." Am anderen Ende huschte ein zufriedenes Lächeln über das gütige Gesicht eines älteren Herrn.

Als Hermann Hansen derweil hinter dem Bahndamm in eine schmale Straße einbog und einige abholbereite Mülltonnen passierte, wischte er den Revolver mit einem Taschentuch sorgfältig ab und versenkte ihn zwischen stinkenden Essensresten. Am Ende der Straße kam ein Müllfahrzeug quietschend zum Stehen. Gleich um die Ecke bestieg Hermann Hansen den Bus zum Bahnhof Altona.

Sie trafen sich bei den Schließfächern. "Ich habe ihn erschossen, Heinz." Kobing breitete seine Arme aus, Tränen rollten über seine Wangen. "Ich danke dir, Hermann", schluchzte er. Hansen berührte die innige Umarmung, die lange andauerte.

Danach öffnete Hansen eines der Schließfächer und zog den von ihm vor zwei Tagen deponierten Koffer heraus. Kobing machte es ihm nach und reichte Hansen einen zweiten Koffer. Er zögerte. "Wir werden uns nicht mehr wiedersehen." – Hansen bemühte sich um ein schiefes Lächeln. "Nein, jedenfalls nicht in diesem Leben." – "Hast du Angst?" – "Vielleicht weniger vor dem Moment selbst. Aber vor der Zeit, die bis dahin verbleibt."

Kobing legte die Hand auf Hansens Schulter. "Ein Mensch ist erst dann wirklich tot, wenn niemand mehr an ihn denkt. Ich werde dich nicht vergessen." Dann drehte sich Kobing um und verschwand im Gewühl der Bahnhofshalle. Hermann Hansen hob die beiden Koffer an und strebte Bahnsteig 8 zu. Eine Viertelstunde später verließ der Zug den Bahnhof mit dem Ziel Westerland auf Sylt.

Der Mord an einem nasskalten Morgen in Hamburg sollte trotz aller Anstrengungen ungeklärt bleiben. Hermann Hansen verblieben nach seiner Rückkehr auf Sylt noch 43 bedrückende Tage, bevor er eines Morgens nicht mehr aufwachte.

"Er war ein guter Mann. Auch wenn er mir seine schlimme Krankheit fast bis zum Schluss verschwiegen hat. So war Hermann eben, er wollte andere nicht belasten. Ich habe viel geweint nach seinem Tod. Erst heute hatte ich die Kraft, seinen Schreibtisch und die Dokumente zu ordnen. Zwischen seiner Geburtsurkunde und unserem Stammbuch fand ich einen Briefumschlag. Er enthielt eine letzte Liebeserklärung meines Mannes, die mich zu Herzen rührte. "Ich möchte dich noch etwas

bitten", endete der Brief. "Wenn du mit einer Schaufel unter unserem Apfelbaum etwas gräbst, wirst du auf zwei Koffer stoßen. Sie sind mein letztes Geschenk an dich, damit dir das Leben in dieser schweren Zeit etwas leichter wird. Dein dich ewig liebender Hermann." Was für merkwürdige Worte! Nun, es ist jetzt schon spät am Abend. Aber morgen, gleich in der Frühe, werde ich im Garten einmal nachsehen."

Ein junger Mann aus gutem Hause

Der Schauplatz jener höchst betrüblichen Begebenheit, von der ich Ihnen nachfolgend berichten möchte, war eines dieser ausgezeichneten Sylter Restaurants, die sich mit Sternen schmükken dürfen wie ein tapferer Soldat mit Orden oder ein Sportler mit Pokalen. Obwohl bereits die Nachsaison eingesetzt hatte, die Tage kürzer und die Temperaturen kühler wurden, war es kein leichtes Unterfangen, in diesem sehr exklusiven Restaurant einen Tisch zu ergattern. Doch Frau Wittenbrink, wohlhabende Witwe eines dahingeschiedenen Bankiers aus Berlin, bereitete dies keinerlei größere Umstände. Mit wohl gewählten Worten sprach sie persönlich beim Restaurantleiter vor und in ihren Ausführungen wie auch in ihrem Blick lag etwas solch Bestimmendes, dass ihr Gegenüber – obwohl er den kleinen Tisch gerne aufgespart hätte, womöglich würden unverhofft Stammgäste das Haus beehren – für den nächsten Abend eine Reservierung zusicherte.

Frau Wittenbrink fand tags darauf alles wie gewünscht vor und würdigte gerade genüsslich ihre Vorspeise – ein wirklich deliziöses Spargelrisotto an Grenadineschaum –, als ein junger Mann in ihr Blickfeld rückte, der sich suchend umschaute. Sein Blick traf schließlich auch in Sekundenbruchteilen Frau Wittenbrink und den leeren Platz vis-a-vis von ihr. Zögerlich näherte er sich, raffte allen Mut zusammen und sprach sie an: "Verzeihung, gnädige Frau. Darf ich eine Bitte vortragen?"

Ein junger Mann mit redlichen Manieren, dachte Frau Wittenbrink, und signalisierte mit einer leichten Handbewegung Zustimmung. "Es ist so", begann der unverhoffte Tischgast, "dass dies mein letzter Abend auf Sylt ist. Es war ein vorzüglicher Urlaub und ... und ich hoffte, ihn mit einem Besuch in diesem erlesenen Haus krönen zu können. Nur", er zupfte verlegen an seiner außerordentlich geschmackvollen Krawatte, "trotz aller Bemühungen gelang es mir nicht, hier einen Platz zu bekommen. Nun nahm ich mir die Kühnheit und wollte schauen, ob ... ob es nicht doch noch eine glückliche Fügung geben sollte. Da sah ich diesen freien Platz an Ihrem Tisch..." Er verstummte und strich sich etwas verschämt über das akkurat geschnittene Haar.

Ein äußerst wohlerzogener junger Mann, was heutzutage von Seltenheitswert ist, befand Frau Wittenbrink, und antwortete generös: "Bitte, nehmen Sie Platz." Dies war eine weise Entscheidung, konstatierte sie schon bald, denn ihr Gegenüber – mit einem dezenten Handkuss hatte er sich als Klaus Saalfeld vorgestellt –, erwies sich als charmanter Plauderer und aufmerksamer Zuhörer. Beim gratinierten halben Hummer hatte sie in Erfahrung gebracht, dass er, ein Sohn wohlhabender Eltern,

 derzeit ein Wirtschaftsstudium absolviere. Beim Lammrücken mit geschmortem Lauch hatte sie ihm von ihren herrlichen Spaziergängen auf Sylt und dem Besuch eines exquisiten Konzerts kundgetan, um ihm schließlich, in Erwartung der Lasagne von Wildbeeren zum Ausklang des delikaten Menüs, anzuraten, ihrem verstorbenen Gatten gleich eine Karriere in einer Bank ins Auge zu fassen. Großzügig hatte sie über das einzige Missgeschick des jungen Mannes, der zudem ausgezeichnete Tischmanieren aufwies, hinweggesehen, als er mit einer unachtsamen Bewegung gegen ihre Handtasche stieß und diese unter aufrichtigen Bekundungen des Bedauerns wieder unter dem Tisch hervor nestelte und behutsam an ihren Platz stellte.

Während Frau Wittenbrink also genüsslich der Lasagne von Wildbeeren entgegen blickte und ihr Gegenüber nach der appetitlichen Kalbsbrust mit gerösteten Kartoffeln an Ahornsirup auf eine Variation von exotischen Früchten wartete, schreckte ihn das Klingeln seines Handys auf, was Frau Wittenbrink zugegebenermaßen etwas missfiel. Anspannung machte sich in seiner Mimik breit. Er legte die Hand auf das Handy und flüsterte seiner Tischdame zu: "Ich bitte vielmals um Verzeihung. Mein Vater ... Sie gestatten?" Er entfernte sich.

Als der Ober das leere Dessertschälchen entfernte – das offenbar von gewichtigem Inhalt erfüllte Telefonat dauerte noch an –, erbat Frau Wittenbrink die Rechnung. Diese fiel exorbitant hoch aus, so dass sie den Ober belehren musste: "Ich zahle nur für meinen Teil. Der junge Mann kommt gleich wieder."

Der Ober blickte sie konsterniert an: "Gnädigste, der junge Mann... er ist gegangen und sagte ... seine Großmutter würde die Rechnung übernehmen." Nun war es an Frau Wittenbrink, konsterniert zu entgegnen: "Das, das ist ja ... eine Frechheit." Ein kalter Schauer, eine böse Ahnung übermannte sie, als sie nach ihrer Handtasche griff. Das Portemonnaie. Doch ihre Hand griff ins Leere. "Verzeihung, Gnädigste, gibt es ein Problem?", klang es wie aus der Ferne an ihr Ohr. Frau Wittenbrink erbat ein Glas Wasser und starrte etwas lethargisch auf das blütenweiße Tischtuch. "Es ist wirklich eine Schande", murmelte sie. "Die jungen Leute von heute haben einfach keine Manieren mehr."

In flagranti

Ihren Traummann hatte sie sich lange erhofft. Sie fand ihn. Und durchwachte einen Albtraum. Jessica war der Schwarm vieler Jungen und später vieler junger Männer gewesen, doch sie schien unantastbar. Ein-, zweimal ließ sie sich dann tatsächlich auf eine Beziehung ein, doch es war nicht von langer Dauer. Und so träumte sie weiter von dem perfekten Mann, bis er eines Tages unverhofft vor ihr stand. Groß. Kräftig. Sonnengebräunt mit einem gewinnenden Lächeln.

Sie wurden ein Paar, bald darauf ein Ehepaar. Es fehlte Jessica an nichts. Jan las ihr jeden Wunsch von den Augen ab, und das schmucke, reetgedeckte Domizil am Ortsrand von Keitum war

ein Traum. Jans Familie zählte seit Generationen zu den erfolg-
reichsten Unternehmern der Insel und er hatte das beachtliche
Vermögen noch gemehrt.

So genoss Jessica die Sonnenseite des Lebens, bevor sie nach
einiger Zeit eine merkliche Veränderung in Jans Verhalten
registrierte. Es fing ganz harmlos an bei einem Tanzabend im
Keitumer Friesensaal. Ein Bekannter hatte sie aufgefordert und
als sie vom Parkett zum Tisch zurückkehrte, fand sie Jan mit
versteinerter Miene vor. Er äußerte sich an diesem Abend nicht,
dafür umso deutlicher einige Tage später nach dem gemein-
samen Besuch einer Geburtstagsfeier: "Hast du gesehen, wie
Bernd dich die ganze Zeit angestarrt hat? War ja auch kein
Wunder bei deiner Aufmachung. Ich möchte dich künftig nicht
mehr in kurzen Röcken sehen", hatte er gebrüllt.

Es war der erste lautstarke Ehekrach und er sollte sich bald
darauf in ähnlicher Form wiederholen. Immer drastischer wurden seine Forderungen. Widerwillig ordnete sie sich unter.
Wählte nur noch gedeckte Bekleidung, schminkte sich nicht
mehr, verließ das Haus alleine nur noch zum Einkaufen. Vom
Büro aus kontrollierte er sie täglich mit unverhofften Anrufen.

Sie atmete innerlich auf, als er ihr eine Dienstreise ankündigte.
Drei Tage lang würde sie endlich einmal ihre Ruhe haben.
Lächelnd packte sie seinen Koffer, lächelnd umarmte sie ihn
zum Abschied an der Haustür. Als seine Limousine die Einfahrt
verlassen hatte, entkleidete sie sich, ging ins Badezimmer und
gönnte sie sich ein ausgiebiges Schaumbad, das sie zur Feier
des Tages mit einem Glas Sekt in der Wanne krönte.

Im Bademantel ließ sie sich auf das ausladende Sofa fallen. Dass gleich ihre Lieblingsserie begann, traf sich gut. Warm wurde ihr und herrlich frische Luft strömte ins Wohnzimmer, als Jessica die Balkontür weit öffnete. Sie schenkte sich noch ein Glas Sekt nach. Friedvolle Stille lag draußen über dem Garten, nur das muntere Zwitschern der Vögel und das Knacken eines Astes waren zu hören.

Sie hatte ihn nicht gesehen, da war er auch schon über ihr. Groß. Kräftig. Jessica hatte keine Chance gegen den Eindringling. Begierig rissen grobe Hände ihr den Bademantel vom Leib, sie schmeckte Blut, als der rohe Schlag einer flachen Hand ihre Lippen traf. Zitternd lag sie da. Sie würde keinen Widerstand leisten. Der Eindringling zerrte sich seine Hose in die Kniekehlen und stöhnte plötzlich auf.

Starr sah Jessica, wie sich das Hemd des Mannes an der linken Schulter blutrot färbte, während sie nahezu zeitgleich einen lauten Knall vernahm. "Ich wusste es, du verdammte Hure. Kaum bin ich aus dem Haus, treibst du es mit einem anderen", drang eine wutentbrannte Stimme an ihr Ohr. Dann hörte sie den Knall einer zweiten Patrone, die die Stirn des Mannes zerplatzen ließ. Wie in Zeitlupe kippte er seitwärts zu Boden. Mühsam richtete sich Jessica auf und sah in die Pistolenmündung, die Jan wortlos auf ihren Kopf richtete. "Schatz", keuchte sie, "glaub mir – es ist nicht so, wie es aussieht!"

Ein schlechtes Geschäft

Der Regen setzte just in dem Moment ein, als Frau und Herr Scholz die Autobahnausfahrt Kaltenkirchen passierten. Im monotonen Takt pendelten die Scheibenwischer über das Glas und sollten bis zur Autoverladung in Niebüll nicht mehr zur Ruhe kommen.

"Das fängt ja gut an", schnupfte Herr Scholz und seine Gattin nickte bestätigend. Leider sollte der Regen in den nächsten zwei Wochen auf Sylt ein beständiger Begleiter sein und bisweilen gesellte sich auch noch ein stürmischer Wind hinzu. Der Urlaub auf Sylt war ein fester Bestandteil im unaufgeregten Leben des Ehepaars Scholz. Sie waren sich selbst genug und beschränkten ihren Wirkungskreis auf die Villa, die westlich vom Hamburger Stadtrand am Elbufer thronte, und den Garten, von dem sie den ein- und ausfahrenden Schiffen nachblickten.

Besuch empfing das Ehepaar selten – nur sehr gelegentlich kehrte entfernte Verwandtschaft für einen Nachmittag zu Kaffee und Kuchen ein. Der Kontakt zu den nächsten Nachbarn, die gut hundert Meter weiter wohnten, beschränkte sich auf einen freundlichen Gruß und allenfalls wechselte man mit dem Postboten ein paar unverbindliche Worte.

Auch auf Sylt blieben Frau und Herr Scholz unter sich. Sie wanderten gern und häufig, genossen die salzige Luft und bestaunten das grollende Wellenspiel. Einmal besuchten sie das Sylt Aquarium und einmal unternahmen sie eine Schiffsfahrt nach Föhr. Es mutete wie eine Ironie an, als das Wetter am

Tage ihrer Abreise nach Hamburg aufklarte. Die schweren, dunklen Wolkenberge waren über Nacht abgezogen und räumten nun der Sonne ihren Platz ein.

Ein wenig versöhnt unternahm das Paar einen letzten Spaziergang und stieg in Wenningstedt schnaufend die große Strandtreppe hinauf. Das geschäftige Treiben auf einer Wiese im Ort zog Frau und Herrn Scholz an, obwohl sie größere Menschenmengen üblicherweise mieden. Doch an Flohmärkten gingen sie selten vorüber, denn sie hatten Gefallen am Stöbern.

Schallplatten und maritime Gemälde, kitschiger Nippes und alte Schmuckstücke, Bücher und abermals Bücher stapelten sich auf Tapeziertischen. So ließen sich die beiden durch das Gewühl treiben, ohne einen rechten Fund zu machen. Einmal entspann sich zwischen ihnen eine kurze Debatte um eine alte Kaffeemühle, doch man entschied sich letztlich für Verzicht.

Auch der vorletzte Stand am Ende der Reihe unterschied sich von seinen Vorgängern wenig und offerierte ein buntes Sammelsurium. Immerhin, die Auswahl an Porzellan war hier besonders groß, und das Ehepaar erkannte mit einem durchaus geschulten Blick – man hegte ein besonderes Faible für Meißener Porzellan, wie die Vitrinen daheim offenbarten –, dass der Händler einige durchaus reizvolle Exponate offerierte.

Kaum merklich touchierte Herr Scholz seine Frau am Arm. "Schau mal da", flüsterte er und ihre Augen weiteten sich. Prüfend drehte er die beiden Vasen um, die im Sonnenlicht funkelten. Die blassen gekreuzten Schwerter auf dem Sockel überraschten ihn nicht. "Aber wir haben doch schon zwei Vasen mit solchen Motiven", raunte Frau Scholz. Er blickte sie durchdringend an: "Du weißt doch, wie selten und kostbar sie sind. Bei Gott, ich würde auch zehn kaufen, wenn der Preis halbwegs stimmt."

Er wendete die beiden Vasen behutsam. Kobaltblau schimmerte die eine, golden die andere. Gemeinsam waren ihnen der weiße Bauch, handbemalt mit floralen Motiven, und die verschlungenen Henkel, die oben am Rand in Form von Schlangenköpfen endeten. "Sie sind völlig unbestoßen. Wirklich perfekt", konstatierte Herr Scholz leise, als unvermittelt ein ebenso großer wie korpulenter Mann neben ihn trat und das Sonnenlicht verdunkelte. "Interessiert?", bellte eine raue Stimme. "Ist gerade frisch rein gekommen", kläffte der Händler und wischte sich umständlich den Schweiß von der breiten Stirn.

Der Mann würde ein leichter Gegner sein, taxierte Herr Scholz und schenkte seinem Gegenüber einen scheinbar gelangweilten Blick. "Hmm", strich er sich murmelnd die Hand übers Kinn. "Ganz nett. Würde eventuell zu unserem Hausstand passen. Was soll's denn kosten?"

Der korpulente Riese blickte die beiden Vasen so intensiv an, als wolle er mit Ihnen gleich ein Gespräch beginnen. "Sind sehr seltene Stücke. 5000 Euro für beide", ließ der Händler wissen. "Sind Sie wahnsinnig?", entgegnete Herr Scholz, gleichwohl ihm bewusst war, dass der Preis durchaus angemessen war. Ein leichter Gegner? Wie man sich doch irren konnte – hier stand offensichtlich ein Schwergewicht mit ihm im Ring.

Der Kampf über mehrere Runden endete nach zähem Ringen bei einem Kompromiss, der sich auf 4000 Euro belief, die sich noch gerade eben durch die Inhalte beider Portemonnaies und den Geldautomaten der nächstgelegenen Bank decken ließen. "Du bist verrückt", sagte Frau Scholz, als sie die Autoverladung in Westerland ansteuerten. "Aber glücklich", entgegnete ihr Gatte und pfiff während der Fahrt gen Heimat immer mal wieder vergnügt ein Liedchen.

Knirschend stoppte der Wagen endlich am Ende der Hausauffahrt auf dem Kies. "Die Schlüssel?", fragte Herr Scholz. "Sind in deinem Koffer." Er öffnete die Klappe des Kofferraums und dann das Gepäckstück, nestelte aus dem Innenfach einen Schlüsselbund und reichte ihn seiner Frau weiter. "Herrlich, wieder daheim zu sein", strahlte sie und schritt zur Haustür.

Herr Scholz wollte den Koffer eben wieder schließen, als er zuvor noch vorsichtig ein Handtuch entrollte. Fast zärtlich strich er über das Dekor der Vase. Kornblumen in tiefem Blau, eine goldgelbe Sonnenblume und leuchtend roter Mohn bildeten ein farbenfrohes Stillleben. Welch kostbare Urlaubssouvenirs, schätzte sich Herr Scholz glücklich, als sein Blick auf einer der Mohnblumen verharrte. Er setzte sich seine Lesebrille auf, führte die Vase näher an die Augen, dann wieder ein Stück zurück. Es war ein kaum glaublicher Zufall, wies das Prunkstück doch erst bei genauem Hinsehen einen millimetergroßen Riss auf, genau wie die Vase, die in der heimischen Vitrine stand.

Ein schriller Schrei riss ihn aus seinen Überlegungen. "Hans!", lief ihm seine Frau entgegen. "Bei uns haben sie eingebrochen.

Die Schubladen von deinem Schreibtisch stehen offen. Aus dem Schrank haben sie alles auf den Boden geworfen. Und die Vitrinen haben sie ausgeräumt. Alles ist weg, die schönen Porzellanteller, die Figuren und die beiden Vasen", schluchzte sie. Wie durch einen Dunstschleier blickte er sie an. "Die beiden Vasen", entfuhr es ihm tonlos, "sind noch hier. Wir haben sie nur für teures Geld zum zweiten Mal gekauft."

Der Stalker

> *Stalking, das, Substantiv. Wissentliches und wiederholtes, obsessives Verfolgen und Belästigen, das nach § 238 StGB mit einer Freiheitsstrafe von bis zu zehn Jahren geahndet werden kann.*

Herr Winkelmann lebte in einem jener rot geklinkerten Häuser, die in den 1930-er Jahren in der Lister Mövenbergstraße von der Wehrmacht für die Soldaten des Seefliegerhorstes erbaut wurden und die sich damals wie heute einer windenden Schlange ähnlich in langer Reihe aneinander schmiegen. Herr Winkelmann war seit einigen Jahren Witwer und Maja das einzige, das ihm noch geblieben war. Gern bezeichnete er sie als seinen Augenstern und er achtete sehr darauf, mit wem sie sich umgab, wobei er letztlich der Meinung war, dass ihr seine Person vollauf genügen sollte.

Mit ihren tiefbraunen Augen, dem kurz geschnittenen, glänzenden Haar und ihrer sportlichen Figur war Maja fraglos eine attraktive Erscheinung, was auch anderen nicht verborgen blieb. Etwa Tom aus der Nachbarschaft, der zunehmend aufdringlicher wurde. Anfangs hatte er es bei einigen vielsagenden Blicken belassen, doch kürzlich registrierte Herr Winkelmann, als er aus dem Fenster schaute, mit Schrecken, dass Tom im trüben Schein der Straßenlaterne vor der Gartenpforte wartete. "Er soll es nicht wagen, das Grundstück zu betreten", fluchte Herr Winkelmann so laut, dass Maja, die auf dem Sofa saß, zusammenzuckte. Der Hausherr riss die Tür auf und stürmte die Stufen hinab. Doch Tom war verschwunden.

Gleich am nächsten Vormittag stattete Herr Winkelmann dem Nachbarn drei Häuser weiter einen klärenden Besuch ab. "Wo ist Tom?", fragte er schnaubend. "Im Haus. Was wollen Sie von ihm?", antwortete sein Gegenüber schroff. "Es geht um Maja. Ich möchte nicht, dass Tom ihr weiter nachstellt." Der Nachbar lächelte schief. "Herr Winkelmann, bei aller Liebe: Ist es nicht ganz normal, dass sich Maja und Tom in ihrem Alter für das andere Geschlecht interessieren?"

"Nein, ist es nicht", schnaubte Herr Winkelmann und in seinem Gesicht zeichneten sich hektische rote Flecken ab. "Ich sage Ihnen eins: Was Ihr sauberer Tom da treibt, grenzt an Stalking. Und das wird Konsequenzen haben." Der Nachbar tippte sich unverhohlen an die Stirn. "Dann gehen Sie doch am besten gleich zur Polizei und erstatten Anzeige." Noch einmal klopfte er mit dem Zeigefinger bezeichnend an seine Stirn, machte auf dem Absatz kehrt und ging ins Haus.

Auf dem Absatz kehrt machte auch Herr Winkelmann, schloss fluchend die Haustür auf und ließ sich im Wohnzimmer in den Sessel fallen. Er fand Maja unverändert auf dem Sofa vor, blickte sie strafend an und verkündete: "Ab heute hast du Hausarrest, der Garten ist für dich tabu. Und Tom wirst du keine schönen Augen mehr machen, verstanden? Guck mich nicht so an! Bist ja mein braves Mädchen. Und jetzt hat Herrchen noch ein Leckerchen für dich."

Biikebrennen

Endlich Land in Sicht. Tage, Wochen, Monate hatte Tame nur auf schäumende Wellen geblickt. Und Ausschau gehalten nach einer mächtigen Beute. Tame spuckte über die Bordwand in die Gischt und schob sich die Kappe tiefer in die Stirn. Er und seine Kameraden durften zufrieden sein. Es war eine erfolgreiche Fangfahrt gewesen, die sie von Sylt weit weg ins Eismeer geführt hatte. Fünf Wale hatten sie erbeutet, unentwegt kochte auf dem Deck der große Trankessel, und Tame war als Harpunier an dem Erfolg nicht unbeteiligt. Einmal hätte es ihn dabei fast in die Tiefe gezogen, als ein harpunierter Wal unter das Eis abtauchte, doch Tame hatte noch rechtzeitig die Fangleine gekappt.

Und dann kam der Tag, an dem der Kapitän die Segel zum Aufbruch setzen ließ. Die Überfahrt war rau, doch nun, den Hafen von Amsterdam vor Augen, waren alle Strapazen vergessen.

"Bald bekomme ich endlich einen guten Bissen zwischen die Zähne", murmelte Tame, der monatelang von Stockfisch und einem gelegentlichen Stück Pökelfleisch gezehrt hatte. Nun freute sich der hoch aufgeschossene Sylter mit den strohblonden Haaren auf den Landgang, auf die Heuer, die Heimfahrt – und auf seine Braut Göntje, der all sein Sehnen galt.

Tame würde nicht mit leeren Händen nach Hause kommen. Der Beutel voller Gulden, den ihm der Schiffseigner überreicht hatte, wog gewichtig in seinen von harter Arbeit gegerbten Händen. Der Weg führte ihn suchend durch die Gassen Amsterdams, bis er einen kleinen Laden betrat, der allerlei Geschmeide offerierte. Tame traf eine gute, wenngleich kostspielige Wahl. Doch seine Braut war ihm lieb und teuer und erwartungsvoll erahnte er die Verblüffung im Blick ihrer geheimnisvollen, dunklen Augen, wenn er ihr die kleine Kostbarkeit überreichen würde.

Vor der Ladentür schob er das mit feinen Mustern und einer Rose ziselierte, silberne Medaillon, zu dem er noch eine schmale Silberkette erworben hatte, in die Tasche seiner Joppe und zog dafür ein Klappmesser heraus. Mit schnellem Schnitt kappte er eine seiner Haarlocken und presste sie in das Medaillon. Nun würde ihn Göntje immer nah an ihrem Herzen haben, auch wenn er wieder zur See fuhr. In einem kleinen Gasthaus stillte Tame seinen Hunger. Sein Blick strich über die Gracht, doch seine Gedanken weilten bereits auf Sylt.

Am nächsten Tag verließ ein kleines Schmackschiff den Amsterdamer Hafen und segelte nahe der Küste vorbei an Hamburg die Westküste hinauf. Die Fahrt, die sich über eine Woche erstreckte, raubte noch einmal Kräfte. Denn an Schlaf war kaum zu denken in der kleinen Kammer unter Deck, wo Tame und fünf Kameraden von Sylt eingerollt lagen wie die Heringe in der Tonne. Seewasser tropfte durch die Ritzen auf ihre Körper und der kümmerlichen Lampe wurde, sobald das Schiff einmal besonders stark schwankte, das kümmerliche Lebenslicht wiederholt ausgeblasen.

Mit schweren Knochen setzte Tame endlich den Fuß auf Inselboden, nach fünf Monaten fast genau auf den Tag. Und doch erschien ihm das Gehen bald leichtfüßig, als er mit pochendem Herzen das Gehöft am Dorfrand von Westerland erreichte. Auf das Klopfen öffnete sich die obere Hälfte der kunstvoll verzierten Haustür, die sich unter den reetgedeckten Giebel duckte. "Göntje", presste Tame nur hervor und zog sie an ihren Schultern an sich. Dann nestelte er das Medaillon aus seiner Tasche und reichte es ihr. "Für dich, Liebste."

Er blickte sie an, doch sah in ihren tiefgründigen Augen keinen Glanz. Ihre Hand umschloss das Medaillon und presste es so fest, dass das Blut aus ihren Fingerkuppen wich. Sie spürte, wie eine wallende Hitze in ihr aufstieg, und stützte sich mit der anderen Hand an den Türrahmen. "Tame. Ach, Tame", klagte sie und eine Träne rann über ihre Wange. Wohl eine Minute herrschte Stille, nur das Raunen des Windes strich über ihre Köpfe.

"Du hast einen anderen?", fragte Tame schließlich kaum hörbar. "Ich weiß, ich habe mich dir versprochen. Ich weiß auch nicht, warum es geschah, dass mein Herz nun für einen anderen schlägt. Ach Tame, ich weiß es doch nicht", und die Tränen perlten haltlos über ihr zartes Gesicht.

Wie versteinert verharrte der junge Friese. Er fühlte eine unendliche Erschöpfung und einen dumpfen Druck in der Magengrube, der ihn schier zu zerreißen schien. Wortlos drehte er sich um und schritt zur Gartenpforte. "Tame! Lass mich dir doch erklären. Tame ... und das Medaillon!" Er wandte den Kopf ruckartig halb bis zur Schulter: "Nimm es als letzten Gruß." Und er entschwand mit der Düsternis, die sein Herz ausfüllte, in der Dämmerung, die sich über das Land senkte.

"Eine Schande ist es." Tames Mutter presste das geblümte Taschentuch auf ihre Lippen, als wolle sie das Gesprochene ungesagt machen und in ihrem Mund versiegeln. "Es ist wahrlich eine Schande", bekräftigte der Vater und stocherte mit dem Schürhaken noch energischer im Ofen herum. Und so erfuhr Tame, dass ihm Göntje vor wenigen Wochen erst die Treue versagt hatte. "Und dann noch ein Jütländer", bemerkte Tames Vater abfällig. Denn dass sich ein Sylter Mädchen mit einem der eingewanderten Dänen einließ, die sich auf den Höfen als Knechte verdingten, galt auf der Insel als eine große Schande. "Doch es hat deine Göntje nicht gerührt", murmelte der Vater.

Von diesem Tage an sah man Tame nicht mehr lachen. Göntje hingegen verlor man fast gänzlich aus den Augen, denn sie verließ das Haus kaum noch. Alle anderen mieden sie und fühlten mit Tame. Nur ein paar Wochen später, kurz vor dem Weihnachtsfest, machte dann ein Gerücht die Runde. Göntje und ihr dänischer Galan hätten heimlich die Insel verlassen. Tatsächlich wurden die beiden fortan nicht mehr gesehen und auch Göntjes Eltern, die von den Nachbarn neugierig bedrängt wurden, konnten nichts Erhellendes dazu beitragen.

So ging der Winter ins Land und schließlich nahte das Sylter Nationalfest. Hoch loderten die Flammen der Biike empor, um die sich die Sylter einmütig Hand in Hand reihten. Für die jungen Männer gab es an diesem Abend nur ein Gesprächsthema: Die baldige Abreise von der Insel ins Eismeer, wo man wieder auf reiche Beute hoffte.

Am Morgen nach dem Biikebrennen stocherten ein paar Buben in den glimmenden Resten. "Schau, das ist aber ein merkwürdiger Ast", bemerkte der Jüngste von ihnen. "Das ist kein Ast", erschrak sich einer der Älteren. "Schnell, lasst uns den Bauernvogt holen." Eine Weile später betrachteten mehrere Erwachsene den Fund: "Ein paar verkohlte Knochen", nickte der eine. "Könnten von Boikens Kuh stammen. Die ist doch vor ein paar Tagen von der Weide ausgerückt", sagte ein anderer. "Da magst du wohl recht haben. Nun, an dem Vieh wird er wohl keine Freude mehr haben. Wir wollen ihm gleich Bericht geben." Die anderen lachten und wandten sich dem Weg zum Dorf zu.

Neugierig hatten die Jungen die Szenerie beobachtet. "Da wird der alte Boiken aber grimmig werden", mutmaßte der Wortführer. "So, nun lasst uns gehen, denn mein Magen ist auch grimmig. Er verträgt wohl eine gute Portion Kartoffeln und Kohl. Lasse, nun komm du auch endlich und hör auf, in der Glut zu scharren. Was hast du denn da?" Lasse hielt es hoch. "Ein Geschmeide. Schaut nur, wie es glänzt und was für eine hübsche Blume es trägt."

Bald balgten sich die Jungen um den Fund, den jeder von ihnen gerne stolz nach Hause getragen hätte. Immer wilder ging es bei dem wüsten Ringkampf zu, bis das Medaillon aus einer Hand entglitt und in einen trüben Wassergraben fiel. Noch eine Zeitlang stocherten die Jungen mit Ästen blind im Schlick, doch sie fanden nichts. "Nun aber los nach daheim", rief der Wortführer und diesmal folgten ihm alle im schnellen Schritt.

Wenige Tage später legte ein Segelschiff von der morschen Pier ab. Tame hatte nicht mehr zum Ufer zurückgeblickt, als er an Deck stand. Hinaus, nur hinaus aufs Meer. Nach Amsterdam sollte die Reise gehen, doch sie endete unverhofft und schrecklich. Auf halbem Wege zog plötzlich ein Sturm auf, der das Schiff immer mehr bedrängte und schließlich kentern ließ, bevor es die sichere Küste erreichen konnte. Von den 84 Menschen an Bord überlebten den Untergang nur ganze sechs. Tame war nicht unter ihnen.

Stille Nacht

Nein, es würde kein Kinderspiel werden. Selbst für einen Profi wie Jakob nicht. Eine Hand legte sich auf seine Schulter. "Es wird Zeit." Rudolf, sein bester Freund und Helfershelfer, strich sich nervös durchs Haar. "Ob wir das wirklich schaffen?", fragte er zweifelnd. "Probieren geht über Studieren. Und du weißt ja: Wir haben nichts zu verlieren, können aber einiges gewinnen."

Die Zeiger von Jakobs Armbanduhr sprangen auf 3 Uhr, als sie das Haus verließen. Tiefe Dunkelheit umfing sie. Während der Fahrt von Westerland nach Braderup sprachen sie kein Wort. Langsam bogen sie in die von wenigen Straßenlaternen nur kärglich beleuchtete Straße ein. Eine feine Gegend. Hinter Steinwällen thronten trutzige Friesenhäuser. Jakob ließ den Motor verstummen. Prüfend witterten die beiden Männer in die Stille hinein. Nichts regte sich. Braderup schlief arglos dem Morgen entgegen.

Behutsam wuchteten sie zwei kleine Koffer aus dem Wagen. Mit leisen Schritten näherten sie sich einem der stattlichen Anwesen. Rudolf öffnete einen der Koffer und reichte Jakob ein Nachtsichtgerät. "Ich sehe zwei Flutlichtleuchten mit Bewegungsmeldern – links am Wall und rechts neben dem Baum", flüsterte Jakob, nachdem er das Grundstück gründlich in Augenschein genommen hatte. Sie trennten sich, kletterten von beiden Seiten über den Friesenwall und legten vorsichtig die Kabel der Leuchten frei. "Schlauer Hund", dachte sich Jakob. Die Stromzufuhr, das erkannte er als Fachmann sofort, war an die Alarmanlage gekoppelt. Einfach kappen war unmöglich, doch auf solche Hindernisse waren sie eingestellt. Nach drei Minuten hatte Jakob den Strom überbrückt. Seine Taschenlampe blitzte kurz auf und wurde von drüben mit einem Lichtsignal erwidert. Auch Rudolf war soweit.

Im Schleichgang näherten sie sich der Hausfront und verharrten. Nur ein leichter Windhauch strich über die Straße. Braderup schlief tief und fest. "Was denkst du?", flüsterte Rudolf. "Wir nehmen das kleine Fenster links, das ist von den Büschen nach außen gut verdeckt", entgegnete Jakob. "Hat bestimmt Bruchsensoren", raunte Rudolf. "Bestimmt", sekundierte Jakob und angelte eine kleine Gerätschaft aus dem Köfferchen. Ein leises Surren ebbte wenig später wieder ab. Vorsichtig schob Jakob einen dünnen Stab durch das gebohrte Loch des Fensterrahmens und dockte am unteren Sensor an. Der elektromagnetische Impulsgeber war das Modernste auf dem Markt und setzte die Sensorenanlage sogleich außer Betrieb. Rudolf reichte Jakob den Glasschneider mit exzellenter Schalldämmung. Wenige Minuten später hoben Sie die Scheibe vorsichtig aus den Angeln.

Mit den Nachtsichtgeräten vor Augen ließ sich der Raum gut überblicken. Es war eine gediegen ausgestattete Küche. Rudolf machte den Anschein, über das Fensterbrett einzusteigen, doch Jakob hielt ihn zurück. "Warte!" – er entnahm einem der Koffer ein Gerät, das einer Fernbedienung ähnelte und hielt es prüfend in den Raum. "Gut. Weiter." Hinter der Küche schloss sich der Flur an. Jakob tippte erneut auf der Fernbedienung. "Habe ich es mir doch gedacht", raunte er. Rote Laserstrahlen, zuvor gänzlich unsichtbar, wurden nun über dem Fußboden sichtbar.

Vorsichtig setzten Jakob und Rudolf ihre Füße über die Strahlen und wandten sich dann einer Treppe ins Obergeschoss zu – von ihrem Informanten wussten sie genau, wo sie zu suchen hatten. Oben, vor der Tür des hintersten Zimmers, mussten sie sich tief bücken – hier lauerte ein Laserstrahl in Schulterhöhe.

Sie waren kurz vor dem Ziel. Der Raum, dessen Tür sich knarrend öffnete, war angefüllt mit Prunk. Schwere Kerzenleuchter schmückten einen Eichentisch, in einer Vitrine schimmerte feines Porzellan, eine griechische Skulptur lehnte neben einer alten Standuhr. Doch der Blick der Eindringlinge galt einem ausladenden Gemälde über dem schweren Ledersofa. Es zeigte ein Aktmotiv und seine Handschrift war unverkennbar. "Der erste Picasso, den ich in meinem Leben aus der Nähe sehe", zischte Rudolf ehrfürchtig.

Noch einmal war nun höchste Konzentration vonnöten. In den Spalt, der zwischen dem Gemälde und der Wand klaffte, führte Jakob eine winzige Sonde ein und beäugte über einen kleinen Monitor die mit mehreren Kabeln gespickte Rückseite des Bildes. Er atmete tief durch und lockerte seine Finger. Das weitere Procedere mutete wie das Geschehen in einem Operationssaal an. Die kurzen Aufforderungen Jakobs quittierte Rudolf mit der Zureichung wechselnder Instrumente. Endlich richtete sich Jakob auf. Schweiß perlte auf seiner Stirn, aber sein Lächeln wirkte zufrieden. "Wir können es jetzt abnehmen." Vier kräftige Hände lösten das Gemälde von seinem Platz und lehnten es sachte an den Eichentisch. Jakob und Rudolf blickten einander erleichtert an, als sich die Tür öffnete und das Deckenlicht aufflammte.

Der alte Herr, der das Zimmer betrat, blickte zunächst auf die beiden Männer, dann auf die leere Wand hinter der Couch – und erbleichte. "Das ist ja wirklich unglaublich", entfuhr es ihm. Er wandte sich Jakob und Rudolf zu. "Meine Herren, Sie sind ganz offensichtlich weitaus bessere Sicherheitsexperten als meine bisherigen Berater. Ich werde mich aufgrund dieses Experiments gern der Empfehlungen bedienen, die Sie mir unterbreitet haben. Wo darf ich unterschreiben?"

Der Paparazzo

Das ist Franz Pollinger. 54 Jahre alt, seit 34 Jahren im Job. Ausbildung zum Fotografen, danach als selbiger viele Jahre in Lokalredaktionen in Nürnberg und Ulm tätig. Seit zehn Jahren nun Fotoreporter einer großen Illustrierten mit Sitz in München. Franz Pollinger, ein Mann der Nacht. Dann streift er mit seiner Kamera durch die Münchner Clubs, wie ein Jäger immer auf der Suche nach dem Freiwild: Prominente, zu seinem Leidwesen jedoch meist Angehörige der C-Kategorie. Es galt die Devise: Wer redet, tanzt, küsst mit wem? Doch, es waren schon einige schöne Schnappschüsse dabei, großformatig veröffentlicht und nicht immer zur Freude der Beteiligten. "Nachtfalke" nannten ihn die Kollegen in der Redaktion und Franz Pollinger war darauf ein wenig stolz.

"Franz!", erklang eine sonore Stimme hinter ihm, während Pollinger gerade am Computer die Fotos des vergangenen Wochenendes sichtete. Wenn der Chefredakteur ihn in seinem Büro beehrte, lag etwas in der Luft – zumeist ein Auftrag außerhalb der Stadtgrenzen. "Franz, ich komme gerade von der Redaktionskonferenz. Wir haben ein schönes Thema für dich: Sonne, Strand und Meer – na, was sagt dir das?" Pollinger schmunzelte: "Ihr schickt mich in den Urlaub." – "Na, das weniger. Aber zumindest auf eine Urlaubsinsel. Du fährst nach Sylt und machst uns eine schöne Sommerreportage. Du weißt schon: Was treiben die Schönen und Reichen da in der Nacht, wer trifft auf wen in den angesagten Lokalitäten? Ist doch genau dein Ding, du Nachtfalke."

Sylt. Das war verdammt lang her. Pollinger erinnerte sich an deftigen Eintopf, kalten Pfefferminztee, Kissenschlachten und Purzelbäume in den Wellen. Neun oder zehn Jahre musste er damals alt gewesen sein, als die Klassenfahrt nach Sylt führte. Bald würde es also ein Wiedersehen geben. Dann vermutlich mit Schampus statt kaltem Tee.

Nach neunstündiger Bahnfahrt und fast pünktlicher Ankunft in Westerland zog Franz Pollinger seinen Rollkoffer über den belebten Bahnsteig, bog nach links ab und bestieg eine der wartenden Taxen. In einer kleinen Kampener Pension, zum prallen Leben hin durch alten Baumbestand und ausladende Rhododendron-Büsche lauschig abgeschirmt, bezog Pollinger seine Bleibe auf Zeit. Nach einer ausgiebigen Dusche, einem kurzen Nickerchen und einem kleinen Imbiss stapfte er im letzten Glanz der untergehenden Sonne Richtung Strönwai. An seinem Gürtel war eine gepolsterte Tasche befestigt, die eine kleine, aber sehr leistungsstarke Kamera verbarg, die sich vor allem dann bewährte, wenn Pollinger unauffällige Fotos ohne Blitzlicht schießen wollte.

Schon auf der Terrasse des ersten Restaurants stieß Pollinger auf den ersten Semi-Promi. Hier konnte er seine Kamera ganz offenkundig zücken, denn  Party-Peter, wie der braun gebrannte Playboy mit dem streng nach hinten gekämmten Haar allgemein genannt wurde, war nicht nur sehr medienaffin, sondern Pollinger aus manch langer Disconacht in München wohl bekannt. So plauschten die beiden bei Hochprozentigem wie alte Kumpel und eine junge Frau am Nebentisch, deren Minirock gerade noch das Mindestmaß einhielt, ließ sich für ein Foto, mit Party-Peters Arm um ihrer Schulter, nicht lange bitten.

Nachdem er auf der vollbesetzten Terrasse auch eine Stunde später keinen weiteren bekannten Gast gesichtet hatte, verabschiedete sich Pollinger und bummelte ein Haus weiter. Es wurde eine lange Nacht, doch außer dem Nebendarsteller einer Daily Soap war die Bilanz ernüchternd: Außer Spesen – 134,50 Euro – nichts gewesen. Auch die folgenden Nächte erbrachten nicht den gewünschten Erfolg. Als Pollinger aus der Deckung einen Schlagersänger ablichtete, der seine besten Zeiten schon lange hinter sich hatte und bereits am fünften Whisky nippte, kam es gar fast zum Eklat. Der Mann blickte just in dem Moment auf, als Pollinger abdrückte, erhob sich mühsam vom Barhocker und nahm mit grimmiger Miene Kurs auf den Fotografen, der eilig einen Schein auf den Tresen legte und das Lokal verließ.

Die Tage genoss Franz Pollinger umso mehr. Dem nächtlichen Trubel setzte er ausgedehnte Spaziergänge entgegen, bei denen er die so ganz unterschiedlichen Landschaften der Insel erkundete. Er schlenderte über den Nössedeich zwischen blökenden Schafen und lärmenden Austernfischern, bummelte durch die Braderuper Heide, die sich in schönster Blüte zeigte, betrachtete staunend das Morsumer Kliff, dessen Millionen Jahre alter Limonitsandstein, Kaolinsand und Glimmerton sanft im Sonnen-glanz schimmerten. Nach einem Strandspaziergang breitete er am Rantumer Strand sein Handtuch aus und stürzte sich in die Wellen, von denen er sich wie Treibgut an den Flutsaum spülen ließ.

Dennoch nötigte ihn eine gewisse Unzufriedenheit. Die bisherige Ausbeute war mager und seine letzten Stunden auf dem nächtlichen Kampener Laufsteg waren angebrochen. Viele Menschen. Schöne Menschen. Reiche Menschen. Aber Nobodys für die Hochglanzseiten seiner Illustrierten. Es war vier Uhr am frühen Morgen, als Franz Pollinger mit Frust in der Seele den Heimweg antrat. Er bog in eine kleine Straße ein, in der verschwiegene Reetdachhäuser hinter Steinwällen dem neuen Tag entgegen schlummerten. Im matten Schein einer Laterne erkannte Pollinger zwei Personen.

Sie schienen zu streiten, denn die Gesten wirkten hektisch und die Stimmen drangen laut und energisch bis zu ihm hinüber. Instinktiv presste sich Pollinger dichter an einen Wall und näherte sich vorsichtig der Szenerie, um hinter einem hervorquellenden Heckenrosenbusch Position zu beziehen. Die Gesichter waren nun gut zu erkennen und Pollinger stockte der Atem.

Unverkennbar stritten sich dort Lena Liebenstock, deren Song "In deinen Armen" derzeit die Charts anführte, und der nicht minder bekannte Bundespolitiker Christoph Rieb. Eine ungewöhnliche Konstellation, die ihm wie auch der Öffentlichkeit nicht bekannt war. Als Franz Pollinger das Kameraobjektiv vorsichtig zwischen den rosafarbenen Blüten hindurch schob, war der Streit offenkundig beigelegt. Rieb umfasste den Kopf der Frau und zog ihn an sich. In rascher Folge fing die Kamera die zärtlichen Küsse und leidenschaftlichen Umarmungen des Paares ein.

Es mochte keine Minute gedauert haben, bis die beiden die Straße händchenhaltend hinab schlenderten. Für Franz Pollinger reichte die Ausbeute allemal. Er spürte seinen Puls pochen. Die Liebenstock und der Rieb – das war fraglos ein echter Scoop für einen Gesellschaftsfotografen. Keine abgehalfterten C-Promis, sondern namhafte Persönlichkeiten, von deren Liaison noch niemand etwas ahnte. Niemand außer ihm. Er betrachtete die Fotofolge auf dem Monitor seiner Kamera. Das Paar war recht gut zu erkennen, den Rest würde die Bildbearbeitung in München erledigen. Vermutlich würde es sogar für ein Foto auf der Titelseite reichen.

Eine halbe Stunde später lag Franz Pollinger in seinem Bett und fand keinen Schlaf. Ob er nachher den Chefredakteur anrufen sollte, mit Stolz in der Stimme? Nein, er würde die Bombe am Abend in der Redaktion platzen lassen. Drucktermin für die nächste Ausgabe war ohnehin erst übermorgen. Als er gegen neun Uhr völlig übermüdet, aber äußerst zufrieden aufstand, entfernte er die Speicherkarte aus seiner Kamera, verstaute sie sorgfältig im Portemonnaie und das selbige in der Innentasche seines Jacketts, packte seine sieben Sachen, verabschiedete sich rasch von der Vermieterin und bestieg ein Taxi.

Im Reisecenter des Westerländer Bahnhofs löste Pollinger ein Ticket Westerland–München. In 15 Minuten würde sein Zug fahren. Er durchschritt pfeifend die Bahnhofshalle und blickte hinauf zu der altertümlichen Bahnhofsuhr, als er unsanft gerempelt wurde. Wasser entleerte sich aus einem Pappbecher auf sein Jackett. "Oh Gott, ich Schussel", entschuldigte sich eine junge, attraktive Frau. "Es tut mir leid", sie tupfte mit einem Taschentuch hektisch sein Jackett ab, "ich weiß nicht, wo ich meine Augen hatte. Glücklicherweise ist es nur Wasser."

Franz Pollinger lächelte nachsichtig. "Gute Reise", wünschte ihm das zarte Wesen, das er während der Bahnfahrt wohl gern als Reisebegleiterin dabei gehabt hätte. Doch ihre Wege trennten sich in diesem Moment und Franz Pollinger strebte dem Bahnsteig zu, an dem der Zug schon bereit stand. Eine halbe Stunde rauschten Lok und Waggons über den Hindenburgdamm, und Pollinger bestaunte noch einmal die unendliche Weite des Wattenmeers, die so ganz im Gegensatz zu der alles begrenzenden Tal- und Bergwelt der Alpen stand.

Als der Schaffner das Abteil betrat, griff Pollinger in die Innentasche seines Jacketts. Er spürte nichts und erschrak. "Den Fahrschein, bitte", forderte ihn der Schaffner auf. Pollinger rang nach Worten. Das ganze Ausmaß wurde ihm bruchstückhaft bewusst. "Ihren Fahrschein, bitte", insistierte der Schaffner mit einer gewissen Schärfe in der Stimme.

Etwa zur selben Zeit rempelte eine junge Frau nahe des Wilhelminen-Brunnens in Westerland einen elegant gekleideten Herrn an. "Oh Gott, ich Schussel", entschuldigte sie sich und zog eilig ein Taschentuch hervor. Hoffentlich sprang diesmal mehr heraus, dachte sich die gut aussehende Taschendiebin. Der Typ, den sie vorhin erleichtert hatte, hatte keinen großer Zugewinn gebracht. Gerade einmal 150 Euro in bar. Dazu Scheckkarten, mit denen sie nichts anfangen konnte, ebenso wie mit den paar Zetteln, einer Kopfschmerztablette und einer kleinen Chipkarte. Sie hatte die Geldscheine entnommen und den Rest in einen Mülleimer geworfen.

Die lange Reise von Franz Pollinger nahm vorerst am Bahnsteig von Klanxbüll ihr Ende. Da stand er, noch etwas bleich und fassungslos, mit dem Handy in der Hand und berichtete seinem Chef von dem misslichen Vorfall. "Und die Speicherkarte meiner Kamera war auch im Portemonnaie", schloss er kleinlaut. "Verdammter Mist", fluchte Chefredakteur Gruber, "wen hast du denn abgeschossen?" Pollinger blinzelte in die Sonne und biss sich auf die Unterlippe. "In diesem Fall Gott sei Dank nur kleine Fische. Wäre eine schlappe Geschichte geworden. Du, Kampen ist auch nicht mehr das, was es mal war." – "Na gut", knurrte Gruber, "dann sieh zu, dass du nach Hause kommst. Wir buchen dir ein Ticket für den nächsten Zug auf dein Handy."

Traute Zweisamkeit

Massig ließ er sich in den breiten Ledersessel zurückfallen, rückte seinen Körper zurecht, positionierte die Lesebrille auf den Nasenflügeln und vertiefte sich in den dicken Wälzer, mit dessen Lektüre er sogleich am ersten Urlaubstag begonnen und dem er bereits einen Großteil der Seiten abgerungen hatte. Lesen tat er am liebsten, denn Bücher führten entspannte Monologe mit ihm und dies war deutlich genehmer als die Zwiegespräche mit seiner Frau. Die wiederholten sich beständig, auch wenn man sich nach vielen Ehejahren in guten und noch mehr schlechten Zeiten doch eigentlich nicht mehr viel zu sagen hatte. Er nippte genüsslich an seinem Weinglas und blätterte um.

"Sollten wir nicht nochmal zum Strand? Das Wetter ist doch noch ganz schön."
"Ich lese gerade und es wird ohnehin bald dunkel."
"Und was soll ich machen?"
"Lies doch auch."
"Lesen kann ich auch zuhause."
"Dann gehst du eben allein spazieren."
"Dann hätte ich auch allein in Urlaub fahren können."
"Mein Gott, kann man nicht mal ein paar Minuten seine Ruhe haben?"
"Ein paar Minuten? Du hängst doch stundenlang über deinem Buch."

"Für mich gehört das zur Urlaubserholung eben dazu. Und nun möchte ich gerne weiterlesen."

"Das ist mal wieder typisch. Lesen, lesen – bloß nicht reden."

"Und es ist auch typisch, dass du mal wieder meckerst."

"Dazu habe ich ja auch oft genug Grund."

"Aha."

"Dass du mal Rücksicht auf mich nimmst..."

"Das alte Lied mal wieder."

"Genau. Der Ton macht die Musik."

"Mein Gott, ich will doch nur in Ruhe lesen."

"Ich, ich, ich. So ist es doch immer. Hauptsache, dir geht es gut."

"Zu deiner Beruhigung: Meine gute Laune ist jetzt weg."

"Ach, und daran bin ich wohl schuld? Aber ich habe ja immer die Schuld. Wenn ich das alles geahnt hätte..."

"Was geahnt?"

"Was nach der Hochzeit auf mich zukommt."

"Ich finde, das reicht jetzt."

"Ach, dem Herrn reicht es? Mir schon lange!"

"Danke für die Blumen."

"Ja, mach dich noch lustig. Mehr ist von dir auch nicht mehr zu erwarten."

"Würdest du jetzt endlich aufhören?"

"Ich höre auf, wann es mir passt. Guck dich doch an, was aus dir geworden ist. Was ist von dem schneidigen, jungen Mann denn noch geblieben? Ein fauler Sack, der sich im Sessel wälzt."

"Schluss jetzt!"

"Ja, einen Schlussstrich, den hätte ich am besten schon vor der Hochzeit ziehen sollen. Hätte ich nur auf Mutter gehört und den Karl genommen."

"Ja, hättste ihn doch genommen."

"Der hätte mir wenigstens was bieten können. Stattdessen hocke ich nun mit so einer armseligen Figur da."

"Halt jetzt endlich dein verdammtes Maul."

"Was? Was sagst du zu mir? Du Versager, du Schlappschwanz wagst es..."

"Du sollst dein Maul halten, sonst stopf ich es dir."

"Du? Ha! Du bist ein Nichts, ein Verlierer, du ... lass mich los, du Schwein ... hör auf ... nimm das Ding weg – bist du wahnsinnig?"

"... Hallo? ... Hallo, Polizei? Ja, Michels hier. Bitte kommen Sie schnell. Ich ... ich glaube, ich ... habe gerade meine Frau erstochen."

Über den Wolken

"Herr Kriminalrat?" Die Sekretärin hatte die Bürotür ein paar Spalt breit geöffnet und ihr Chef, der gerade ein Protokoll abzeichnete, blickte fragend auf. "Da ist der Kollege Jansen von der KT für Sie. Scheint dringlich zu sein." Kriminalrat Weber gab mit der Hand einen kurzen Wink. "Rein mit ihm." Er bemüßigte sich jetzt sogar aufzustehen, denn wenn Kollege Jansen von der Kriminaltechnik nicht zum Telefonhörer griff, sondern persönlich erschien, dann hatte dies stets einen triftigen Grund. Und Jansen sollte ihn auch diesmal nicht enttäuschen. Er schüttelte Weber die Hand und lächelte ihn wissend an. "Nun mach's nicht so spannend", murrte Weber erwartungsvoll. "Doch", entgegnete Jansen, sog ostentativ tief die Luft ein, verschränkte die Arme vor der Brust und stieß nach einer bedeutungsvollen Pause hervor: "Euer Flugzeugabsturz war kein Unfall. Es war Mord."

Am frühen Morgen hatte in einem adretten Vorstadthaus bei Bremen das Telefon geklingelt. "Ja?", fragte Olaf verschlafen. "Schon mal aus dem Fenster geschaut? Die Sonne lacht und ich hab ne prima Idee – wir fliegen mit unseren Mädels einfach mal rüber nach Sylt und machen uns ein paar nette Stunden", erklang Tims muntere Stimme am anderen Ende der Leitung. "Spontaner geht's wohl nicht?", grummelte Olaf. "Lass mich kurz überlegen. Na ja, anliegen habe ich heute nichts, ist ja Wochenende. Okay, ich spreche mal mit Sandra und melde mich gleich."

"Wie ich es hasse, dieses ewige Versteckspiel. Ich halte es nicht länger aus. Und jetzt noch ein gemeinsamer Tag auf Sylt. Wo er mir ganz nah sein wird und doch so unnahbar."

Sandra war nicht eben begeistert, gab schließlich aber nach. Es war kurz nach zehn, als die kleine "Beechcraft" vom Bremer Flughafen abhob. " Delta, Echo, Alpha, X-Ray, Bravo – November in 2000 Fuß", informierte Tim den Tower und schnarrend klang es zurück: "Delta, Echo, Alpha, X-Ray, Bravo, verstanden. Frei zum Verlassen der Frequenz. Guten Flug!"

Über Dörfer und Wiesen hinweg schnurrte die Maschine gen Norden und zog schließlich eine Schleife über das Wattenmeer, in das sich tief die Rinnen der Priele eingruben. Nach einer guten Stunde Flugzeit senkte Tim die Nase der "Beechcraft" und setzte wenig später auf der Landebahn sanft auf. "So, Kinder, ab zum Strand", frohlockte Tim. Vor dem unscheinbaren Flachbau des General Aviation Terminals legte ein Taxifahrer die Zeitung beiseite und freute sich über eine Fuhre.

"Ich würde so gern seine Hand streicheln. Aber er hält ja gerade lieber Händchen mit ihr. Wie oft hat er mir die Trennung versprochen. Ich glaube nicht mehr daran. Und deshalb werde ich es heute beenden."

Die Wellen plätscherten über die Füße hinweg. "Kinder, ist das nicht herrlich?", fragte Tim. Wann immer es sein arbeitsreicher Alltag als Unternehmensberater zuließ, flog er mit seiner Maschine nach Sylt, mal allein, mal mit seiner Ehefrau Annette, gern auch mit Freunden wie Olaf und Sandra. Nach einem ausgiebigen Strandspaziergang und einem entspannten Sonnenbad kehrte das Quartett in einem Fischrestaurant ein und stärkte sich mit Seezungenfilets und Dorschbäckchen für den Rückflug.

Noch einmal warfen Pilot und Passagiere einen Blick hinab. Hinter ihnen verschwand am Horizont das monumentale Westerländer Kurzentrum, unter ihnen entfaltete sich das Morsumer Kliff und wie ein kleiner Spielzeugzug huschte eine Bahn über den Hindenburgdamm. "Heute Abend noch auf einen Drink in unsere Lieblingsbar?", fragte Tim. Olaf gähnte demonstrativ. "Nö, heute nicht, ich will nachher nur noch die Füße hochlegen."

Olaf war neben ihm bereits vor geraumer Zeit sanft eingenickt, als Tim die Taste des Mikrofons drückte. "Bremen Turm, hier ist die Delta, Echo, Alpha, X-Ray, Bravo." – "Delta, Echo, Alpha, X-

Ray, Bravo, Bremen Turm." – "Delta, Echo, Alpha, X-Ray, Bravo, eine "Beechcraft" VFR von Sylt nach Bremen, vier Personen an Bord, Position fünf Minuten nördlich von November gerade über Osterholz-Scharmbeck in 2500 Fuß." Olaf rekelte sich. "Sind wir bald da?"

"Ich ertrage dieses Leben nicht mehr. Ich ertrage Männer nicht mehr. Ich werde jetzt handeln und Ihr werdet büßen für alles, was Ihr mir angetan habt. Gott, vergib mir."

Nahe des Dörfchens Hambergen wischt sich Hermann Kruck den Schweiß von der Stirn. Die Sonne hat das Führerhaus des Traktors mächtig erhitzt, der Bahn für Bahn eine Heuballen-presse hinter sich herzieht. Mit einem großen Schluck aus der Wasserflasche stillt der Landwirt seinen Durst, als ein sonores, ansteigendes Brummen die Ruhe über dem Feld überlagert.

Im Gegenlicht der Sonne vermag Kruck das kleine Flugzeug hoch oben am Himmel kaum zu erkennen. "Merkwürdig", denkt er. Denn es scheint ihm, als ziehe die Maschine plötzlich eine steile Kurve nach oben. Dann erstirbt das Brummen abrupt. Die Augen des Bauern weiten sich. Wie ein Stein, so wird er den Polizeibeamten später berichten, sei das Flugzeug plötzlich vom Himmel hinabgefallen.

Bauer Kruck ist wie erstarrt, als sich die Maschine vor seinen Augen tief in die weiche Erde bohrt. Einem schrillen Knirschen und Brechen folgt gespenstische Ruhe. Dann lodern erste Flammen aus dem Wrack. "Da ist nichts mehr zu retten. Bloß weg von hier, bevor das Ding noch explodiert", denkt der Bauer.

Während er den Trecker in Bewegung setzt, nestelt er mit zittrigen Händen sein Handy aus der Joppentasche hervor.

Es war keine leichte Aufgabe für die Gerichtsmediziner und die Spurensicherer, deren Arbeit am Unglücksort sich über Stunden erstreckte. Am mühsamsten war es, die Leichenteile aus dem Wrack zu bergen. "Es handelt sich um zwei Männer und zwei Frauen. Alle sind durch den Absturz und den anschließenden Brand furchtbar zugerichtet", gab einer der Gerichtsmediziner die erste Erkenntnis an den Staatsanwalt weiter, der am Feldrand wartend von einem Bein auf das andere trat.

Ein technischer Defekt? Ein menschlicher Fehler? Oder ein plötzlicher gesundheitlicher Vorfall? Kriminalrat Weber sinnierte am nächsten Morgen in seinem Bürostuhl und versuchte sich abzulenken, bis neue Erkenntnisse vorlagen. Er las Protokolle und zeichnete sie schwungvoll ab. Dann klopfte es. "Herr Kriminalrat?" Die Sekretärin öffnete die Bürotür ein paar Spalt breit.

"Mord?" Weber schluckte. "Die Überraschung ist dir gelungen." Jansen ließ sich in den Besuchersessel fallen. "War mir klar. Aber wir haben auch nicht schlecht gestaunt, als die verehrte Kollegin Wiedermann aus dem verkohlten Kopf des Piloten eine Kugel rausgezogen hat, die von hinten direkt ins Zwischenhirn eingedrungen ist. Was einen sofortigen Atem- und Kreislaufstillstand zur Folge hatte und im übrigen zur Aussage des Bauern passt, dass die Maschine plötzlich steil nach oben gezogen sei." Weber trommelte mit den Fingerknöcheln auf den Schreibtisch. "Das ist wirklich ein Ding. Und, wisst Ihr noch mehr?" Sein Gegenüber schüttelte den Kopf. "Wir sind dran."

Am Nachmittag bekam Weber Besuch von Frau Wiedermann, die die Aura des mürrischsten wie auch des erfahrensten Teammitglieds der Gerichtsmedizin umgab. "Schön, Sie zu sehen", lächelte Weber jovial. "Ich wünschte, ich könnte dasselbe sagen. Ihr Flugzeugabsturz versaut mir die ganze Woche. Wissen Sie, was und wer bei mir noch alles auf dem Tisch liegt? Und alles soll am besten gestern erledigt sein, immer das gleiche Lied..." Weber unterbrach ihren Redefluss mit einem bemühten Lächeln. "Ich weiß, Frau Wiedermann, aber was wären wir ohne Sie? Haben Sie Neuigkeiten für mich?"

Die Gerichtsmedizinerin schnaubte verächtlich. "Sonst wäre ich wohl kaum hier, sondern könnte mich meiner Arbeit widmen. Also: Die vier Toten sind inzwischen ja identifiziert. Das Problem ist: Wir konnten ihre Sitzpositionen nicht bestimmen. Die Maschine war durch den Aufprall ja völlig verdreht und zertrümmert, das Feuer hat dann den Rest geleistet. Sicher ist nur, dass Tim Grevenbruch am Steuer saß. Er besitzt als einziger der vier einen Pilotenschein und hat sich direkt vor dem Absturz noch beim Tower angemeldet."

Weber nickte eifrig. "Das ist doch schon mal was." Frau Wiedermann blickte ihn durch ihre kantigen Brillengläser streng an. "Unterbrechen Sie mich nicht, es geht ja noch weiter. Also, die Sitzpositionen der anderen drei können wir nicht mit Sicherheit bestimmen. Aber es gibt Hinweise darauf, dass sein Freund neben ihm saß. Dann hätten die beiden Frauen hinten gesessen." Weber nickte und schwieg diesmal lieber. "Die Tatwaffe haben wir auch gefunden", fuhr die Gerichtsmedizinerin fort, "sie lag ein paar Meter vom Wrack entfernt. Es handelt sich um eine kurzläufige Pistole, wie sie gerne von Frauen verwendet wird. Das stützt die Theorie, dass eine der beiden Frauen vom Rücksitz aus geschossen hat. Ich befürchte, dass dieser Fall uns alle noch eine geraume Weile beschäftigen wird. So, ich muss zurück ins Institut." Frau Wiedermann stand abrupt auf. Kriminalrat Weber lehnte sich zurück und atmete durch.

Die erfahrene Gerichtsmedizinerin sollte sich nicht getäuscht haben. Die umfangreichen Ermittlungen brachten rein gar nichts zutage. Keiner der vier Toten hatte einen Waffenschein besessen, keinem konnte der Kauf der Waffe nachgewiesen werden. Und auch die Suche nach dem Motiv brachte die Beamten nicht weiter. "Eifersucht", hatte Weber schon bald getippt. "Doch welche der beiden Frauen hatte geschossen? Wenn das wirklich das Motiv war, dann wurde es wahrlich gut verborgen. Wir haben keinerlei Hinweise gefunden, wer da mit wem ein Techtelmechtel gehabt haben könnte", berichtete Weber seinem Kollegen Jansen drei Monate später. Dann klappte er die Akte zu und brachte sie ein Stockwerk höher in die Registratur. Seitdem fristet sie ihr Dasein in Fach 4 des Schranks mit dem Aufdruck: "Ungeklärte Mordfälle."

EPILOG: Diese Erzählung basiert auf einer wahren Begebenheit, die sich in den 1990-er Jahren auf einem Rückflug von Sylt ereignete. Welche der beiden Frauen den Piloten erschossen hat, ist ungeklärt. Beim Trauergottesdienst verabschieden sich dessen Freunde mit dem bekannten Lied des Sängers Reinhard Mey: "Über den Wolken muss die Freiheit wohl grenzenlos sein."

Rien ne va plus

Sein erster morgendlicher Blick galt dem Spiegel – und was er darin sah, gefiel ihm. Sein zweiter Blick fiel für gewöhnlich auf die Pinnwand an seiner Schlafzimmertür. Und was er sah, gefiel ihm nicht weniger. Genoss Martin es doch, regelmäßig in der Zeitung zu stehen. Bedauerlich nur, dass sie seinen Namen nie nannten. Aber das würde sich kaum ändern lassen.

"Das Quartett schlug wieder zu", "Diesmal eine Bankfiliale Ziel des Quartetts", "Achter Überfall des Quartetts: Wann ist das Spiel endlich aus?" – so und anders prangten die Schlagzeilen über den penibel ausgeschnittenen Zeitungsartikeln. Er lächelte süffisant. Da sie stets zu viert arbeiteten, war ihm nach einem der ersten Raubzüge die Idee gekommen, an den Tatorten fortan stets ein kleines Andenken zu hinterlassen: Eine Quartettkarte. Es war voraussehbar, dass die Presse sich dieses Indizes entzückt bedienen würde.

Gemeinsam hatten sie bereits eine stattliche Summe gescheffelt. Nun, nach diversen Raubzügen quer durch Schleswig-Holstein, wollten Tom, Martin, Mike und Ron die Spielbank in Westerland um ein erkleckliches Sümmchen erleichtern. Mike und Ron gaben sich dort einen Abend lang als biedere Bürger und verspielten einige Jetons.

Doch ihre aufmerksamen Blicke galten weniger dem Roulettetisch als vielmehr der Umgebung. Die räumlichen Gegebenheiten schienen ideal und der ergraute Wachmann am Eingang dürfte kaum ein größeres Hindernis darstellen.

Am späten Abend schälten sich vier Gestalten aus dem Schutze der Dunkelheit des benachbarten Rathausparks. Bald würde das Casino schließen – wohl niemand rechnete noch mit Besuchern, schon gar nicht mit ungebetenen. Ein letzter Blick vor dem Eingang – menschenleer lag der Rathausplatz im Dunkel der Nacht, blitzschnell streifte sich das Quartett Masken über die Gesichter. Der Wachmann lehnte an der Wand und gähnte herzhaft, als er unvermittelt in die Mündung von Toms Waffe blickte. Mike und Ron hielten die Croupiers und die Spieler in Schach, die sich dem Überfall widerstandslos ergaben. Nur das leise Klackern der Kugel im Roulettekessel überdeckte die Stille im Saal.

"Los, voll machen",  herrschte Martin den Kassierer an, der mit zittrigen Händen die Tasche mit Geldbündeln füllte. "Das war alles", stotterte der Kassierer. "Gut. Klappe halten. Hinsetzen", befahl Martin. "Schaut mal, was wir hier für einen Glückspilz haben", wies Ron mit seiner Pistole auf einen dicklichen Spieler, vor dem sich etliche Jetons türmten. "Los, die Brieftasche raus", schnarrte Martin. Zögerlich zog der Mann sein Portemonnaie aus dem Jackett. Mit schnellem Griff untersuchte Martin die Börse und fächerte ein dickes Bündel Geldscheine auf. "Nettes Zubrot", lachte Mike.

"Abmarsch", bedeutete Martin und steuerte dem Ausgang zu, während er im Gehen galant eine Quartettkarte fallen ließ. Tom stand noch immer neben dem Wachmann, doch – warum zum Teufel grinste dieser träge Türsteher so dämlich? Aus dem Hintergrund traten blitzschnell mehrere Uniformierte und Zivilisten, die Pistolen im Anschlag. Mechanisch ließ Martin seine

Waffe fallen. Ein hagerer Mann löste sich aus der Gruppe, steuerte geradewegs auf Martin zu, blickte ihn kurz an – und winkte den dicklichen Spieler heran, der sich mit blasser Miene erhob. "Interessant, dass ein gesuchter Wirtschaftsbetrüger mit dem 'Quartett' zusammenarbeitet. Dass wir ihn hier antreffen, hat uns ein Vögelchen gesungen. Aber dass wir gleich eine solche Glückssträhne haben..."

Der Kommissar bückte sich. "Ich glaube, Sie haben da etwas verloren." Er reichte Martin die Quartettkarte. "Tut mir leid. Aber für Sie heißt es nun: Rien ne va plus ... nichts geht mehr!"

Abgetaucht

In Wenningstedt lebte einst ein Bauer mit Namen Frödde. Immer, wenn die Heuernte vorüber war, lud er alle Helfer zu einem fröhlichen Fest ein. Eines Tages aber gerieten zwei der Feiernden in einen heftigen Streit, da kam Frödde hinzu und erschlug im Zorn einen der beiden. Bestürzt über seine Missetat floh der Bauer von seinem Hof und ward nicht mehr gesehen. Zehn Jahre gingen ins Land, da entdeckte man Frödde, den man in der Fremde glaubte, in einer Höhle in einem abgeschiedenen Wenningstedter Dünental. Seine getreue Frau Ose hatte ihn dort über all die Jahre heimlich mit Nahrung und Kleidung versorgt. Die Wenningstedter aber verziehen Frödde seine sträfliche Tat großzügig und führten ihn zu seinem Hof zurück.

"Ich gehe dann jetzt mal baden", sagte Christian und dehnte seinen muskulösen Oberkörper. Tatjana strich ihm sanft über die Wange. "Pass auf dich auf, Schatz." Er küsste sie zart auf die Lippen. "Das werde ich." Christian lief gemächlich den Strand hinunter, drehte sich dabei noch einmal um, winkte ihr fröhlich zu und stieß prompt mit einer älteren Dame zusammen, die sich mit einer kräftigen Schimpftirade revanchierte. Sanfter Wellengang schwappte an den nördlich von Kampen gelegenen Strand, Christian watete gemächlich ins tiefere Wasser und hechtete dann mit einem Kopfsprung ins kühle Nass. Langsam kraulte er in Richtung Horizont, wo sich die Sonne schon dem Meer zuneigte.

"Oh Gott. Hilfe. Hilfe!", rief die junge Frau flehentlich und lief auf ein älteres Ehepaar zu, das arglos am Flutsaum entlang spazierte und mit gesenkten Köpfen nach hübschen Muscheln Ausschau hielt. "Was ist?", fragten die Strandläufer irritiert. "Mein Mann. Da draußen!", und die junge Frau wies hinauf aufs Meer, wo in großer Distanz zwei Arme verzweifelt winkten. "Er ertrinkt. So holen Sie doch bitte Hilfe", bettelte Tatjana und fiel kraftlos im Sand auf die Knie.

Während seine Gattin bei der Weinenden blieb, eilte Herr Müller so schnell es ihm möglich war dem nächsten Strand-übergang zu. Einen Rettungsschwimmerstand, das hatte ein rascher Blick zu beiden Seiten gezeigt, suchte er vergebens. "Verdammter Leichtsinn", dachte sich Herr Müller, während er schnaufend auf einen Mann zueilte, der gerade seinen Hund von den Leine ließ. "Ein Notfall – haben Sie ein Handy dabei?", fragte er keuchend.

Das Heulen von Martinshörnern zerstob nach einer geraumen Weile die abendliche Ruhe am Strand. Ein Notarztwagen steuerte den Flutsaum an, der Allradantrieb wirbelte den Sand fontänenartig auf. Etwas ausrichten konnte der Arzt nicht, ebenso wenig wie die Feuerwehrmänner, die bald im Laufschritt folgten. Es ging weitere Zeit ins Land, ehe sich vom Norden her in der einsetzenden Dämmerung ein Seenotrettungskreuzer schemenhaft ins Sichtfeld der Wartenden schob und von Süden her ein Boot der Wasserwacht durch die Wellen pflügte. Die Suchaktion dauerte bis weit nach Mitternacht an. Den bedauernswerten Schwimmer fand man nicht.

Auch nach Tagen war weder an Sylts Stränden noch anderswo an der Küste ein Leichnam angespült worden. "Das Meer gibt nur ungern wieder her", unkten die alten Sylter aus Erfahrung. Und so nahm Tatjana eines Spätsommertages, der schon herbstliche Züge trug, vor einem leeren Grab Abschied. Die Pastorin musste sie stützen, als sie eine rote Rose hinab in die Grube warf. "Christian wollte so gern hier in Keitum seine letzte Ruhe finden", schluchzte sie. Wenig später schritt eine gebrochene Frau mit unsicherem Gang zur Friedhofspforte.

Tatjana begleitete die Polizeibeamten zur Tür des kleinen, schon etwas baufälligen Ferienhauses nahe der Lister Blidselbucht, das ihnen die im Ausland lebenden Eigentümern zur Dauermiete überlassen hatten. So oft es ihre Zeit zuließ, tauschten Christian und Tatjana seitdem die Wochenenden mit ihrem Domizil in Kiel ein. Knarrend schloss die Tür des Ferienhauses, und Tatjana ließ sich in der kleinen Küche auf einen Stuhl sinken. "Sie sind weg. Willst du auch einen Kaffee, Schatz?", rief sie in die Stille hinein. "Ja, gerne!", klang es unten von der Kellertreppe fröhlich zurück.

Als sich Christian von der Küste weit genug entfernt wähnte, begann er mit den Armen heftig zu winken. Schließlich streckte er seinen Körper und ließ sich auf dem Rücken entspannt durch die Wellen treiben. Vom Strand aus war er jetzt nicht mehr wahrzunehmen. Erst nach geraumer Zeit, als ihn die Strömung wie beabsichtigt ein weites Stück nach Norden getragen hatte, begann er im Schutz der Dämmerung an Land zu kraulen, wo sich außer einem Rudel krächzender Möwen nichts mehr regte. Die Dunkelheit einer mondleeren Nacht hatte bereits eingesetzt, als er querfeldein durch die Dünen das Haus erreichte. Nach einer ausgiebigen heißen Dusche bezog er im Keller sein neues Domizil, das sich hinter einer Schrankwand verbarg. Ein mittelgroßer Raum, dessen Platz für Bett, Tisch und Stuhl, ein Waschbecken sowie einen gut gefüllten Vorratsschrank gerade eben genügte.

Regelmäßig besuchte ihn Tatjana fortan im Untergrund und berichtete: Mehrfach sei die Polizei ins Haus gekommen, um mit Tatjana die Vorgänge zu rekapitulieren und sie über den neuesten Erkenntnisstand, der keine neuen Erkenntnisse barg, zu unterrichten.

Es hatte glänzend funktioniert. Sogar die alte Dame, die er bewusst angerempelt hatte, war nach einem Zeitungsbericht auf der Polizeiwache erschienen und hatte von dem Zusammenstoß mit dem Rüpel berichtet. Das Ehepaar Müller gab zu Protokoll, dass der Schwimmer eine ganze Weile lang heftig mit den Armen gewunken habe und dann plötzlich jede Bewegung erstorben sei. Seine Frau sei einer Ohnmacht nahe gewesen.

"Er war doch ein guter Schwimmer, sogar mehrfacher Jugendmeister", sinnierte der junge Polizeibeamte, als sie wieder einmal das Ferienhaus verließen und auf die Landstraße Richtung Kampen einbogen. "Wenn du draußen auf dem Meer einen Herzinfarkt bekommst, nützt dir das auch nichts", brummte sein älterer Kollege.

Der Herbst zog über die Insel und schließlich der Winter. An jedem zweiten Wochenende reiste Tatjana von Kiel auf die Insel, den Kofferraum des Wagens voller Lebensmittel, die sie im Dunkeln in der nun gänzlich verwaisten Siedlung des Westerheidetals entlud. Die Zeit zwischen den Wochenenden wurde für Christian quälend lang, allein der Gedanke an die Zukunft verlieh ihm mentale Kraft, während er sich mit Liegestützen und Klimmzügen körperlich fit hielt. Dennoch hatte er einige Kilo zugenommen und war auffallend blass, als Tatjana an einem milden Frühlingstag wieder einmal die Haustür aufschloss. "Ich halte es nicht länger aus", stöhnte Christian. "Ich will endlich wieder die Sonne sehen." Tatjana streichelte seine Wange. "Du wirst bald nur noch die Sonne sehen, mein Schatz."

Während Christian so viel schlief und so viele Bücher verschlang wie noch nie im Leben, führte Tatjana in Kiel zähe Verhandlungen. Ein Jahr nach dem Verschwinden ihres Mannes wurde ihrem Wunsch, ihn für tot zu erklären, stattgegeben. Nun musste der Versicherungskonzern tief in die Tasche greifen. Drei Millionen Euro Lebensversicherung waren kein Pappenstiel. Ein

Versicherungsdetektiv hatte Tatjana in unregelmäßigen Abständen immer wieder überwacht, war ihr sogar zweimal nach Sylt gefolgt. Er fand nichts Greifbares.

Es war der vorletzte Besuch, den Tatjana ihrem Mann abstattete. "Wir haben es fast geschafft", munterte sie ihn auf und blätterte den Reisepass auf, den Christian schon vor eineinhalb Jahren von einem Fälscher in Hamburg für teures Geld hatte anfertigen lassen – der Pass hatte den Großteil der letzten Ersparnisse verschlungen. "Ich freue mich auf das neue Leben mit dir in Costa Rica, mein geliebter Thomas Gruber. An den Namen muss ich mich erst noch gewöhnen, genauso wie an deinen Vollbart", lachte Tatjana. Den hatte sich Christian für das Passfoto wachsen lassen und danach wieder abrasiert, doch jetzt wucherten die Barthaare längst wieder kräftig.

Christian stützte das Kinn in die hohle Hand. "Ob sie uns fehlen werden?" Tatjana blickte ihn verwundert an. "Wer wird uns fehlen?" Christian blickte mit halb geschlossenen Lidern zur Kellerdecke empor. "Die Sylter Dünen und das Wattenmeer, Fischbrötchen bei Gosch und Radfahren am Nössedeich, die Kieler Woche und der Alte Botanische Garten, die Meisterschaften des THW und die Kreuzfahrtschiffe am Ostseekai..." Tatjana beugte sich nach vorne und küsste ihn zart auf die Schläfe. "Aber dafür tauscht du etwas anderes ein", flüsterte sie. "Vulkanische Bergketten und Ananas-Stauden, Salsa und Orchideen..." Er lächelte und zog sie zu sich auf sein Bett.

"Vulkanische Bergketten und Ananas-Stauden, Salsa und Orchideen... ich kann es gar nicht mehr abwarten, mein Liebling."

Tatjana drehte sich im Bett um. "Ich doch auch nicht, mein Engel", entgegnete der muskulöse, junge Mann an ihrer Seite und schenkte ihr einen tiefen Blick aus seinen samtbraunen Augen. Dann verengten sich seine Pupillen. "Dass du nochmal zu deinem Alten musst..." Tatjana küsste ihn zart auf die Schläfe. "Ein letztes Mal, mein Liebling, ein letztes Mal." Ihr Liebhaber blickte aus dem Fenster, wo die letzten Sonnenstrahlen des Tages Kiel in ein mildes Licht tauchten.

Die Rosen reckten sich in den Gärten der Friesenhäuser der Sonne entgegen, und die Amseln zwitscherten um die Wette, als Tatjana die Kellertreppe hinab schritt. "Wir haben es geschafft", fiel sie Christian um den Hals. "Und zur Feier des Tages", sie zauberte aus ihrer Tasche eine Flasche Rotwein, "habe ich mich in Unkosten gestürzt." Christian musterte das Etikett: "Ein Rothschild Carruades de Lafite, Jahrgang 2009 – das sind dann wohl 300 Euro flüssige Geldanlage, hatten wir überhaupt noch so viel auf dem Konto?" Tatjana stieß ihn gegen die Schulter. "Wir werden bald noch viel, viel mehr auf dem Konto haben. Die Versicherung hat vorgestern überwiesen. Ich habe mit der Bank alles besprochen, sie wird uns das Geld nächste Woche auf mein neues Konto überweisen – nach Costa Rica, mein Schatz."

"Lass uns darauf anstoßen", zwinkerte Christian und wollte nach der Flasche greifen. Tatjana kam ihm zuvor. "Ich mach das schon. Erzähl du mir doch nochmal den Endspurt unseres Marathons." Er lehnte sich zurück. "Wie gerne. Ich, sorry... Thomas Gruber fliegt nächsten Dienstag ab Hamburg. Du folgst am Freitag ab Frankfurt. Ich hole dich am Samstag um 19.20 Uhr am Flughafen San José ab – und dann feiern wir unser neues Leben." Tatjana nickte zustimmend und entkorkte den Wein mit leichter Hand. "Darauf trinken wir."

Sanft berührten sich die Gläser, sanft die Lippen. Christian trank genießerisch eine großen Schluck und rollte mit den Augen. "Ein Jahr für die Ewigkeit. Ich trinke auf uns. Und auf Christian. Untergegangen in den Fluten und auferstanden als Thomas wie Phönix aus der Asche. Ich trinke auf dich, mein Engel, und ich trinke auf jede Ana, Ananas … und auf … jede … auf jede Orchidee .. dee … in Costa, in…", Christian verspürte eine lähmende Schwere in seinem Kopf und das Weinglas aus seiner Hand kippen. "Tat … Tatja… was…", und er sackte in sich zusammen.

Tatjana trank ihr Glas aus und stellte es auf den Tisch. Sie ging hinüber zur Spüle, griff in ihre Handtasche und faltete ein Tütchen mit Resten von Pulver sorgfältig zusammen, setzte sich wieder und betrachtete den Toten andächtig eine Weile. "Tja, mein Lieber", hauchte sie schließlich kaum hörbar, als stünden schon wieder Polizeibeamte oben im Wohnzimmer, "auch für dich gilt die finale aller Weisheiten: Man stirbt nur einmal." Und stieg die Kellertreppe hinauf.

Bis dass der Tod uns scheidet

Keuchend hetzte der Mann durch die Nebelschwaden, stoßweise formte sein Atem kleine Wölkchen in der klammen Winterluft. Schlamm spritzte auf bei jedem Schritt und tüpfelte die Hosenbeine. Voran, nur voran. Das Ufer war nicht mehr weit. Bald wäre alles überstanden.

Sie hatten jung geheiratet. Und sich mit der Zeit mehr und mehr entfremdet. Aus Liebe wurde Gleichgültigkeit, aus Gleichgültigkeit erwuchs Groll. Und dann die Sache mit Anna. Als seine Ehefrau von der Nebenbuhlerin erfuhr, wurde das Zusammenleben zur Hölle. Es blieb nicht allein bei den unflätigen Worten, die sie ihm Abend für Abend mit schriller Stimme entgegenschleuderte. Die Narbe an der Stirn erinnerte ihn schmerzhaft an den Geschirrteller, der ihn unvermittelt getroffen hatte.

So fasste er eines Tages den Plan, die Furie ein für allemal aus seinem Leben zu entfernen. An Scheidung freilich war nicht zu denken. Das würde ihn an den Bettelstab bringen, hatte sie vorsorglich gedroht. Der alternative Weg zu seinem Ziel kostete viel Kraft. Denn es fiel ihm nicht leicht, die leidenschaftliche Affäre mit Anna bis auf Weiteres zu beenden und den geläuterten Ehemann zu spielen, der sich seiner Frau gänzlich unterwarf. Er umhegte sie, las ihr jeden Wunsch von den Augen ab. Wie oft hatte er im Geiste die Fäuste geballt, wenn sie ihn dennoch keifend aufscheuchte. Doch er hatte ein großes Ziel vor Augen und das trieb ihn an wie ein Motor.

"Schatz", flötete er eines Sonntags, "was hältst du davon, wenn wir uns ein paar Urlaubstage gönnen würden? Wir könnten an die Nordsee fahren." Denn auf Sylt war er aufgewachsen und dorthin hatte auch ihre Hochzeitsreise in glücklicheren Zeiten geführt. Lauernd erwartete er ihre Reaktion. Sie zögerte. Doch dann zeigte sie den Anflug eines milden Lächelns. "Warum nicht?", sagte sie. "Ich rufe gleich im Hotel in Wenningstedt an – vielleicht bekommen wir ja das selbe Zimmer wie damals. Du wirst sehen, Liebling, dieser Urlaub wird uns neue Impulse geben", säuselte er und befand in stiller Häme, wie recht er damit haben würde.

Es waren sehr harmonische Urlaubstage, scheinbar. Dann hatte er wie beiläufig diese Idee mit der Wanderung durchs Wattenmeer. Wie hätte die Arglose auch wissen können, dass eine solche Unternehmung für Unkundige heikel werden könnte – es hatte in der Vergangenheit schon Tote gegeben, weil die auflaufende Flut Wanderern den Rückweg abgeschnitten hatte. Doch was konnte schon geschehen? Schließlich war er mit dem Wattenmeer und dessen Tücken seit Kindheit bestens vertraut. Sie war in guten Händen.

Die Weite des Wattenmeers, das sich entlang der Sylter Ostküste erstreckte, war beeindruckend. Nur der heisere Schrei einer hungrigen Seeschwalbe war zu hören und das leise Raunen des Windes, der über den entblößten Meeresboden mit seinen Priel und Tümpeln strich. Weit und breit war keine Menschenseele zu sehen.

Sie schritten eine Weile voran, ehe sie ihn fest am Arm packte. "Mir reicht's. Da zieht Nebel auf, man kann das Ufer ja kaum noch sehen. Und da vorne kommt schon das Wasser. Wir kehren sofort um." Er nickte folgsam. "Natürlich, mein Schatz." Mit Bedacht lenkte er seine Frau dorthin, wo sich der Schlickboden kaum merklich dunkler von der Umgebung abhob.

Der nächste Schritt führte die Angetraute ins Verderben. Gurgelnd versank ihr linkes Bein bis zum Oberschenkel im weichen Untergrund, sie kippte nach vorn und ruderte mit den Armen vergeblich um Gleichgewicht. Bei dem Versuch, sich aus der schlammigen Umklammerung zu lösen, die sich wie ein Saugnapf um das Bein legte, zog es nun auch das andere Bein in den grauen Schlund. Sie saß unweigerlich fest. Flehentlich blickten die Augen zu ihrem Mann – doch ihr Blick gefror, als sie ein spöttisches Lächeln gewährte. "Bis dass der Tod uns scheidet", flüsterte er kaum hörbar und hastete los.

"Florian!", gellte es in seinen Ohren. Sollte sie schreien. Er brauchte keine Sorge haben, dass sie ihm folgen würde. Bald wäre es vollbracht. Im Hotel würde er den verzweifelten Ehemann spielen, dem das Meer seine Frau entrissen hatte. Nun aber nur weg von hier, bevor ihn jemand sah. Er rannte, so rasch es der schmierige Boden zuließ. Eben drehte er noch einmal vergewissernd den Kopf zu beiden Seiten, als sein Lauf jäh erlahmte. Ein bohrender Schmerz in der Brust ließ ihn innehalten. Kalter Schweiß trat auf seine Stirn, und ein starker Schwindel zwang ihn in die Knie. Wie ein waidwundes Tier fühlte er sich, zu schwach, um wieder auf die Beine zu gelangen. Als ihm der Herzinfarkt nach wenigen Minuten die letzten Kräfte genommen hatte, kippte er vornüber und schmeckte an seinen Lippen den kalten, salzigen Schlick.

Es vernahm das sanfte Gluckern erst, als das kühle Wasser bereits durch den Stoff der Hose an seine Haut drang. Die Flut stieg unaufhörlich. Der Blick seiner gebrochenen Augen war noch immer starr auf das verlockende Ufer gerichtet, als die ersten Wellen schon seinen Kopf überspülten. Ein paar hundert Meter weiter stand seiner Frau das Wasser bis zum Hals. Sie wusste, dass ihr Leben nur noch wenige Minuten fristen würde.

"Was zum Teufel machen Sie denn hier?", erscholl es unvermittelt. Da erst sah sie das Boot mit den beiden Männern, die an einer Leine einen Rechen hinter sich herzogen, um in traditioneller Manier eine kleine Miesmuschelbank abzuernten. Sie erkannte ihren Hotelportier, der nun statt eines Anzugs eine alte Öljacke trug. "So ein bodenloser Leichtsinn", schimpfte er, während vier kräftige Arme die Ertrinkende mühsam ins Boot zogen.

"Wieso stiefeln Sie hier draußen alleine rum?", fragte ihr Retter und klopfte kopfschüttelnd seine Pfeife aus. "Warum gehen Sie nicht mit Ihrem Mann ins Watt? Der kennt sich hier doch aus..."

Irren ist männlich

Er hatte in letzter Zeit gute Geschäfte gemacht. Genüsslich zündete er sich ein Zigarillo an, formte den Rauch mit seinen Lippen zu schmalen Ringen und strich mit der linken Hand über die grau melierte Schläfe. Ja, die Natur hatte es gut gemeint mit ihm. Hochgewachsen in der Statur, den Körper straff trainiert und fern eines Bauchansatzes, dazu das kühne, griechische Profil seines Gesichts, das die tiefbraunen Augen und das Grübchen am Kinn wohlwollend unterstrichen. Er war kurzum ein Mann so recht nach dem Sinne der Damenwelt, die ihm oft genug verstohlene Blicke nachwarf oder aber die Augen verschämt senkte. Doch er wusste ihnen die Scheu zu nehmen. Denn er war nicht nur ein Bild von einem Mann, sondern gab sich auch als Kavalier der alten Schule. Andere würden ihnen einen Heiratsschwindler nennen. Ein abträglicher Begriff freilich, der ihm gründlich missfiel.

Er hatte in letzter Zeit gute Geschäfte gemacht. In Baden-Baden hatte Graf Christian zu Hohenfelde – ein solches Pseudonym erwies sich in diesem Metier doch lohnender als sein trister Geburtsname Thomas Berger – eine blasierte Witwe um 30.000 Euro erleichtert. Danach hatte er in Timmendorfer Strand einträgliche Beute gemacht. Zugegeben: Es hatte ihn mehr Überwindung gekostet als sonst. Noch immer hallte der spröde Klang ihrer Stimme in seinen Ohren wider, dieses abstoßende Kläffen, das sein charmantes Lächeln nur allzu oft beinahe gefrieren ließ. Nun denn. 25.000 Euro waren die Qualen wert gewesen.

Graf Christian zu Hohenfelde war reif für die Insel. Natürlich logierte er in Westerland standesgemäß im ersten Haus am Platze, genoss von seinem Balkon aus den erhabenen Blick über das Meer, das in der Ferne mit dem Horizont verschmolz. Es brauchte zwei Abende, um an der Hotelbar auf Tuchfühlung zu kommen. "Sie sind mir aber ein Schelm", gluckste die alternde Blondine um Mitternacht leicht beschwipst und blickte ihn verklärt an. "Man könnte glatt meinen, Sie wollen mir den Kopf verdrehen." Seine Hand tastete sich behutsam vor, strich zärtlich über den üppigen Brillantring und kam auf ihren Fingerkuppen zum Erliegen. Sie ließ ihn gewähren und er wusste, dass ihm das Jagdglück hold sein würde.

Der nächste Abend brachte für Thomas eine Überraschung. Den ganzen Tag über war ihm seine neue Eroberung Gisela nicht von der Seite gewichen. Doch endlich, in einem unbewachten Augenblick, glückte ihm die Flucht. Er hatte vor einem Bistro auf der Westerländer Promenade Platz genommen, schlürfte genüsslich einen Cappuccino und blickte sorglos den Möwen nach, die hoch oben im wolkenlosen Himmelsblau ihre Kreise zogen.

Eine Windböe strich über die Promenade und fegte ein Brillenetui vom Nachbartisch. Als sich die Besitzerin bücken wollte, atmete sie den wohligen Duft eines herben Männerparfums ein. "Darf ich behilflich sein?", fragte eine sonore Stimme und als sie den Kopf nach oben wandte, blickte sie in zwei tiefbraune Augen. Zwei Stunden später, die Sonne schickte sich gerade an, glutrot im Meer zu versinken, verließen sie gemeinsam die Promenade und spazierten die Strandstraße hinunter. Taktvoll verabschiedete sich Thomas am Taxistand vor der Sparkasse von seiner neuen Bekanntschaft Brigitte.

Es folgte ein sehr baldiges Wiedersehen am nächsten Morgen. Wellen verwischten die Spuren, die die beiden Wanderer am Flutsaum hinterließen. Brigitte redete fast ohne Unterlass. Es tat ihr gut, endlich einen aufmerksamen Zuhörer gefunden zu haben. Sie erzählte von ihrer Kindheit, ihrer gescheiterten Ehe, von ihren Sorgen und Sehnsüchten. Und von ihren kleinen Geheimnissen. "Ich weine, wenn ich mir Liebesfilme anschaue. Ich habe Angst bei Gewitter. Ich liebe Mohnblumen. Und ich bin herrlich altmodisch – stell dir vor, ich tippe meine Briefe noch auf einer alten Reiseschreibmaschine", kicherte sie und wurde im selben Augenblick ernst. "Und dann, dann bin ich einfach fortgegangen. Habe einen Koffer gepackt und die Haustür abgeschlossen. Einfach so. Ich habe ihm geschrieben, er solle mich nicht suchen. Ich brauche Abstand, ich brauche Zeit. Dann bin ich gegangen. Einfach so. Ist das nicht verrückt?" Sie sah zu ihm auf und schmiegte den Kopf an seine Schulter. "Aber jetzt, Christian, jetzt will ich gar nicht mehr zurück." Ihre Zehen gruben sich tief in den knirschenden Sand, als sich ihre Lippen berührten. Ja, das Schicksal meinte es endlich gut mit ihr.

Die Kriegskasse schien gut gefüllt. Denn beiläufig hatte sich Brigitte verraten: "Geld ist das einzige, an dem es mir nicht mangelt." Sylt würde ein lohnender Fischzug werden, da war sich Thomas nun gewiss. Er kalkulierte noch eine weitere Woche ein. Dann würde er Brigitte und die anhängliche Bankierswitwe Gisela wieder in die Freiheit entlassen – um eine Erfahrung reicher und einige Euro ärmer. Seine Mundwinkel zuckten spöttisch.

Er hatte sich verspätet und das hätte er nicht tun sollen. Wäre der Motor des Taxis nicht auf halber Strecke verreckt und hätte sich der andere Taxifahrer ein wenig mehr beeilt – ja dann, dann wäre er pünktlich um sechs bei Gosch am Lister Hafen eingetroffen, hätte mit Brigitte einen Rotwein entkorkt und alles wäre in bester Ordnung gewesen. Doch so erreichte Thomas den Lister Hafen erst eine halbe Stunde später. Daher entging ihm die alternde Blondine, die fünf Minuten zuvor den Hafenplatz verlassen hatte.

Warum aber auch musste Gisela ausgerechnet an diesem Abend Appetit auf Fischsuppe verspüren? Und warum hatte sie in dem überfüllten Bistro mit sicherem Instinkt den einzigen freien Stuhl angesteuert – *seinen* Stuhl, den Brigitte ihr freimütig zugestand, solange er auf sich warten ließ. Und schließlich: Warum musste Gisela, während sie schmatzend ihre Suppe löffelte, ihrer Tischbekanntschaft ungefragt und ausladend von jenem Prachtexemplar von Mann erzählen, der ihr die Urlaubstage versüßte? Warum also begegneten sich an diesem lauen Sommerabend zwei Stecknadeln im Heuhaufen? Das Schicksal kann manchmal verdammt ungnädig sein.

Thomas bahnte sich mühsam den Weg durch die verstopften Tischreihen. "Es tut mir so leid, Darling." Und er erzählte von dem qualmenden Motor und dem lästigen Warten an der Kampener Vogelkoje, bis ihn endlich ein zweites Taxi auffischte. Als der Kellner eine Stunde später just die nächste Flasche "Chateau Le Castelot" kredenzt hatte, begann Thomas nervös an seiner Krawatte zu nesteln. "Christian?", fragte sie besorgt, als sie die plötzliche Unruhe verspürte. "Es ist... es ist nichts, Darling." Er nippte an seinem Glas. "Das heißt: Ich will ganz offen zu dir sein. Mein Geschäftspartner hat mich vorhin angerufen. Wir haben

Probleme... ernste Probleme. Die fallenden Aktienkurse, du verstehst? Und gerade jetzt, wo wir vor einem lukrativen Abschluss stehen." Er tupfte sich mit dem Taschentuch hastig über die Stirn. "Aber warum erzähle ich das? Es hat ja nichts mit dir zu tun." Sie neigte sich nach vorn. "Wie viel bräuchtest du denn?" – "Mit 20.000 Euro wäre uns schon sehr geholfen", sagte er tonlos.

Es lief leichter als gedacht. Selbst die saftigen Zinsen, die er ihr als Dank in Aussicht stellte, schienen sie nicht sonderlich zu interessieren. "Ich tue es für dich und nicht für das Geld", hatte Brigitte gesagt. Bitte schön. Wenn sie es so sah. Doch er wusste, dass er ihr in diesem Moment etwas schuldig war. So dankte er ihr in dieser Nacht ausgiebig, und erst das Morgengrauen brachte ihnen den verdienten Schlaf.

Ein wenig übernächtigt, aber dafür ausgesprochen ausgeglichen trommelte Thomas mit den Fingerknöcheln auf dem polierten Holz. Er kannte diese Prozedur. Die junge Bankangestellte studierte umständlich die Vollmacht und den Auszahlungsschein, verschwand kurz in einem Büro, bequemte sich dann endlich wieder an den Schalter und reichte ihm seinen mustergültig gefälschten Ausweis zurück. "Sie bekommen das Geld sofort, Herr zu Hohenfelde. Ich lasse das nur eben von unserem Filialleiter quittieren." Sie trippelte auf hohen Absätzen von dannen, während er den kleinen Faltplan auf dem Banktresen ausbreitete und eine Zugverbindung für den nächsten Morgen aussuchte. Heute Abend wollte er das zweite Wild erlegen. Eine Vollmacht würde er diesmal nicht benötigen. Gisela hatte ihm längst glucksend anvertraut, dass sie einen prallen Umschlag im Hotelsafe deponiert hatte. Schön, wenn man gleich zwei Fliegen mit einer Klappe schlagen konnte... Seine Mundwinkel zuckten spöttisch.

Als Thomas den Faltplan wieder einsteckte, spürte er ein Knistern. Er stutzte. Da fiel es ihm wieder ein. Richtig. "Bitte sei so lieb und nimm diesen Brief mit. Gib ihn einfach bei der Post ab, nachdem du in der Bank warst. Ich habe meinen Eltern geschrieben, dass ich sie bald besuchen werde – und nicht alleine komme", hatte Brigitte vielsagend gesäuselt, als er ihr Appartement heute morgen verlassen hatte. Er hatte den Brief eingesteckt. Doch vor der Tür schüttelte er unwillkürlich den Kopf. Soweit käme es noch, dass er den Postboten spielen würde.

Die Schlange am Bankschalter wuchs und Thomas blickte sich suchend nach dem Fräulein um. Dass sich der Hintermann so dicht an ihn drückte, empfand er als störend. Er würde ihn mit einigen gesetzten Worten zurechtweisen müssen. Doch als Thomas sich umdrehte, schreckte er unwillkürlich zurück. Der Hintermann war nicht allein. Und die beiden Männer trugen Uniformen. "Herr zu Hohenfelde? Würden Sie uns bitte begleiten?" Es klang nicht wie eine Bitte.

Sein Atem rasselte schwer, als er im Fond des Streifenwagens saß. "Was soll das?", presste er mühsam hervor. "Das werden Sie uns erklären", antwortete der Beamte an seiner Seite. "Brigitte Rodenberg wird seit einem halben Jahr vermisst. Ihr Konto wurde seitdem überwacht. Gelohnt hätte es sich für Sie ohnehin nicht. Am Tag ihres Verschwindens hat die Dame alles abgehoben. Bis auf ganze zehn Euro. Doch davon abgesehen werden Sie nun einiges erklären müssen."

Eine dumpfe Angst pulsierte in seinem Kopf. Ein halbes Jahr verschwunden? Aus ihrem Mund hatte es nach ein paar Tagen geklungen. *"Ich habe ihm geschrieben, er solle mich nicht suchen. Ich brauche Abstand, ich brauche Zeit."* Waren das nicht ihre Worte gewesen? Die Angst wuchs sich langsam zu einer Panik aus. Erklären – wie zum Teufel sollte er all das erklären? Die Vollmacht mit ihrer Unterschrift, seinen gefälschten Ausweis? Da fiel es ihm wie Schuppen von den Augen: Das hier, das war kein Zufall. In diesem Augenblick, Thomas spürte es instinktiv, nahm sie in einem Zugabteil Platz und verfluchte den Mann, der sie um ihre Liebe und ihr Geld betrügen wollte. Ihre Fährte würde sich verwischen – wie ihre Spuren im Sand.

Er hatte nichts in der Hand. Nichts außer dieser verdammten Vollmacht. Moment... Der Brief... Es schwang kleinlaute Demut in seiner brüchigen Stimme, als er den Beamten um einen Gefallen bat. Der Polizist griff mit spitzen Fingern in die Jackentasche, wog das Kuvert prüfend in seiner Hand und öffnete den Umschlag behutsam. Der Uniformierte grinste überheblich. "Wenn Sie meinen, *das* hilft Ihnen weiter..." Schwerfällig hob Thomas den Kopf. Seine Augen irrten wie im Trance über das Blatt. Es stand da nicht viel. Nur drei Worte hatte eine Schreibmaschine in das zartrosa Briefpapier gemeißelt: *"Irren ist männlich!"*

Mord in der Dämmerstunde

Als sich Jenny Carstens an einem düsteren Wintertag auf den Weg vom Lebensmittelmarkt zu ihrer Wohnung im Norden Westerlands machte, ahnte sie nicht, dass das Geld im Portemonnaie diesmal nicht gereicht hatte. Das tiefgekühlte Hühnchen, die Karotten und den übrigen Einkauf sollte sie mit ihrem Leben bezahlen.

Jenny Carstens überquerte die Kampstraße, den Einkaufsbeutel schlenkernd. Dämmerung hatte sich über die Stadt gelegt, eben sprangen die Straßenlaternen an und leuchteten durch den trüben, regnerischen Dunst. Die junge Frau mit der kessen, kurz geschnittenen Frisur freute sich auf den Abend, den sie vornehmlich auf der Couch verbringen würde. Sie lenkte ihre Schritte auf dem Bürgersteig etwas nach rechts, als ihr ein Passant entgegen kam, der sich suchend umblickte. Dann, ganz unvermutet, verstellte ihr der Mann mit dem hochgeschlagenen Mantelkragen den Weg. "Was soll das?", zischte Jenny Carstens. Der Mann legte seinen Kopf etwas schief. "Sie haben sehr schönes Haar", antwortete er und fast im selben Moment spürte die Frau einen stechenden Schmerz in ihrem Bauch.

Eine gute Stunde später rückten in einem farblosen Zimmer, das gelegentlich einer Renovierung bedurft hätte, vier Männer die Stühle zurecht. Drei von ihnen waren aus dem Feierabend zum Polizeirevier geeilt, wo sie von Kripochef Lassen bereits erwartet wurden. Er stützte beide Unterarme auf den ächzenden Holztisch und verkündete den übrigen bedeutungsschwer: "Wir haben wieder eine Tote."

Kommissar Lars Kruse, der jüngste in der Runde, schüttelte den Kopf. "Das gibt es doch nicht. Wie lange ist der letzte Mord auf Sylt her? Und jetzt in kurzer Zeit gleich zwei." Lassen nickte bestätigend. "Umso schlimmer, da wohl derselbe Täter am Werk war." Oberkommissar Thies Römmer blickte auf. "Also wieder mit einem Messer?" Lassen nickte abermals. "Wieder mit einem Messer, wieder mehrere Stiche in den Bauch- und Brustbereich. Der Täter wollte offenkundig ganz auf Nummer sicher gehen, dass sie stirbt. Gegen halb sieben hat ein Ehepaar die Leiche auf dem Bürgersteig gefunden."

"Verflucht, das könnte sich zu einer Serie auswachsen", schnarr-te Oberkommissar Werner Griebenkorn mit seiner markanten, näselnden Stimme. "Eben das befürchte ich auch. Wenn wir die beiden Taten nicht rasch aufklären, wird sich sicherlich das Lan-deskriminalamt einschalten", entgegnete Lassen. "Wie sollen wir vorgehen?", fragte Kruse und die vier Kriminalisten berieten eingehend die nächsten Schritte.

Nach der Obduktion am nächsten Tag traf man wieder am gro-ßen Holztisch zusammen. "Der Mord ist Inselgespräch. Aber es hat sich noch immer kein Zeuge gemeldet", bilanzierte Röm-mer. "Der Täter scheint sehr planmäßig und wachsam vorzu-gehen. Und ich vermute, dass wir es mit einem Psychopathen zu tun haben. Den Opfern wurde nichts gestohlen und ich kann keinerlei Verbindung zwischen den beiden erkennen. Christa Wiegel aus Stuttgart, das erste Mal auf Sylt und am zweiten Ur-laubstag auf dem Deichweg bei Archsum tot aufgefunden. Und nun Jenny Carstens aus Westerland. Ich fürchte, den Täter trieb nur eines: Mordlust", konstatierte der Kripochef. "Es wird sich schwierig gestalten", mutmaßte Kruse und er sollte Recht behalten.

Die umfangreichen Ermittlungen und die Öffentlichkeitsarbeit erbrachten keine wesentlichen Erkenntnisse. Zumindest aber verhielt sich der Täter ruhig, nachdem er die beiden Morde binnen nur drei Tagen begangen hatte. "Zwei Wochen sind jetzt vorüber", starrte Griebenkorn nachdenklich auf den großen Wandkalender. "Vielleicht war es doch ein Urlauber, der inzwischen abgereist ist."

Doch auch wenn die Tage ohne Vorkommnisse vergingen, wich die Anspannung von den Kripobeamten nicht. Drei Wochen waren vergangen, als Lassen den Kollegen kurz vor Feierabend mitteilte: "Es nützt nichts, wir stecken fest. Ich werde am Montag das LKA um Hilfe ersuchen." Betroffen nickten die anderen. "Euch trotzdem einen schönen Feierabend", verabschiedete sich der Kripochef.

Vor dem Polizeirevier trennten sich die Wege der vier. Lassen fuhr mit seinem Wagen Richtung Tinnum, Griebenkorn und Römmer strebten der Innenstadt zu. Lars Kruse blickte etwas unschlüssig, schulterte den kleinen Rucksack und lenkte seine Schritte die Straße hinauf zur Alten Dorfkirche.

 Als er den kleinen Friedhof betrat, senkte sich bereits die Dämmerung über die Stadt. Kruse genoss die friedvolle Stille und atmete tief durch. Er blickte sich um. Kein Mensch war zu sehen, nur eine Frau drapierte an einer Grabstätte ein Gesteck.

Sie richtete sich auf und strich sich die blonden Haarsträhnen aus dem Gesicht. "Moin", rief sie dem Besucher zu. Kruse nickte kurz und schlug den Mantelkragen hoch. Er lächelte die Frau an. "Sie haben sehr schönes Haar, wissen Sie das?"

Der Spatz in der Hand

Am Ende seines Sylt-Urlaubs klappte er sein Portemonnaie auf und blickte in eine gähnende Leere. Es hatte so gut gemundet, gestern Abend in der Kneipe, und schließlich hatte er auch noch das Geld für die Zugfahrt versoffen. Wütend über sich selbst war er versucht, die blanke Geldbörse in den nächsten Mülleimer zu werfen, als darin etwas Ungewöhnliches sein Interesse erregte. Mit spitzen Fingern zog er ein zerzaustes Toupet heraus. "Unglaublich, was die Leute alles wegwerfen", schüttelte er den Kopf. Gerade wollte er die Perücke wieder entsorgen, als er in der Bewegung verharrte, weil ein vager Gedanke keimte.

Eine halbe Stunde später stand er in der Spielwarenabteilung des Kaufhauses H.B. Jensen und sogar ein ihm vertrauter Mensch hätte ihn nicht erkannt. Zu der Sonnenbrille und der Base-Cap, die er schon den ganzen Urlaub getragen hatte, gesellten sich nun die falschen Haare. Mit einer täuschend echt wirkenden Spielzeugpistole, die er unauffällig in die Jackentasche schob, verließ er das Kaufhaus, fluchte kurz über seinen Brummschädel und steuerte dann die nahe gelegene Sparkasse an.

Er durchschritt in angespannter Haltung die Schalterhalle. Im Kassenbereich blickte ihm aus dem Hintergrund stumm eine Kamera entgegen. Er senkte den Kopf ein wenig und wollte dem Kassierer gerade sein Anliegen kund tun, als ihn eine Hand am Ärmel energisch zurückzog. "So geht das ja nun nicht. Jetzt sind wir erstmal an der Reihe", fauchte eine resolute Mutter, deren Sprössling derweil mit glühendem Kopf sein Sparschwein ausschüttete. Sechs Minuten später hatte der Kassierer auch den letzten Cent gezählt, nun endlich konnte der Rubel rollen.

"Geld her oder es knallt", knurrte er und fuchtelte forsch mit seiner Plastikpistole. Der Kassierer blickte ihn bohrend an. "Ich sag Ihnen mal was, guter Mann: Es ist Montagmorgen. Am Wochenende hat mein Lieblingsverein verloren, meine Frau hat eine Beule in unser Auto gefahren und gestern hat es uns auch noch den Grillabend verregnet. Wenn uns die Scheibe nicht trennen täte, würde ich meine Wut jetzt sehr gerne an Ihnen abreagieren, Sie Torfkopp!"

Er fühlte Schweißtropfen auf seiner Stirn und unter dem Toupet begann es ihn unerträglich zu jucken. Ein Gehstock schlug ihm von hinten ans Bein. "Nun mal voran, junger Mann. Unsereins hat auch nicht den ganzen Tag Zeit", nörgelte eine betagte Dame. Er sah sich nicht imstande, die Stellung zwischen den beiden Fronten zu halten und trollte sich geschlagen zum Ausgang.

Und so endete es, wie es begonnen hatte: Das Toupet wanderte in die nächste Mülltonne und mit ihm die übrigen verräterischen Utensilien. Ein Stück weiter nahm er auf einer Parkbank Platz, stierte zu Boden und raufte sich die verbliebenen Haare, als ihm eine kräftige Hand auf die Schulter klopfte. Er wagte nicht, den Kopf zu heben. Dass ihm die Polizei so rasch auf den Fersen war, hatte er nicht erwartet. Wie durch Watte klang eine Stimme an sein Ohr: "Hier, Sie sehen aus, als könnten Sie es gebrauchen." Es knisterte in seiner rechten Hand und er blickte auf eine 20-Euro-Banknote. Und so war er, seine Mundwinkel zuckten spöttisch, doch noch zu Geld gekommen. Vom Dach eines angrenzenden Hauses gurrte eine Taube fröhlich herab, als er sich schlurfend auf den Weg zum Bahnhof machte.

Im Sylter Buchhandel sind aktuell folgende
weitere Bücher von Frank Deppe erhältlich:

- Sylter Wahrzeichen

- Sylter Geschichte

- Sylter Sagenwelt

- Die Rasende Emma

- Sylter Flora & Fauna

- Sylter Memoiren

- Sylter Märchenwelt

- Sylt im Sturm

- Wie der Nationalsozialismus
die Insel Sylt eroberte

Bestellungen und weitere Infos auch im Internet:
www.sylt-buecher.de